# Die Seele im linken Nasenloch

Marc Ermisch

Kontakt: eratheco@gmx.de



Cover: Annelina Stahmer

Korrektorat: Prof. Rainer Wolf

ISBN: 9798871744574

# INHALT

# Der Erlöser

Es war kühl geworden und roch nach Regen. Ich saß unter dem Giebel des Speichers auf einem der Kornsäcke und stieß meine nackten Kinderfüße in das Korn. Ein herrliches Gefühl. Die einzelnen Körner gruben sich durch meine weit gespreizten Zehen. Um mich herum raschelte und piepste es. Unzählige Mäuse durchwühlten auch mit ihren Füßen das Korn. Ich war in bester Gesellschaft.
Gedankenverloren spielte ich an dem oberen Ende des groben Sackes, der leicht eingerissen war, und schaute auf den wunderschönen Sonnenuntergang. Der Himmel glühte rot und golden. Und lila Wolken schwebten wie aufgeregte Schäfchen über den Himmel hinweg.
«Komisch», dachte ich, «der Himmel ist am schönsten, kurz bevor die Sonne erscheint und wenn sie schon fast wieder verschwunden ist. Vielleicht ist die Tür zum Himmel am Tage verschlossen, und wenn es Nacht wird, öffnet sie sich und gibt das Universum frei. Und in diesem kleinen Augenblick schaut Gott auf uns herunter, und der Himmel strahlt. Und morgens, wenn die Tür sich wieder schließt, schaut er abermals durch den Spalt.»
Mit staunenden Augen beobachtete ich das Schauspiel.
Als die Sonne verschwunden war, wurde es merklich kälter, und ich beschloss ins Haus zu gehen. Meine Mutter stand in der Küche, und es roch herrlich. Als sie mich sah, rollte sie mit den Augen, atmete tief ein und aus und sagte streng: «Geh und wasche dir die Hände, das Gesicht und die Füße.

Es gibt gleich Essen.» Ich gehorchte und wusch mir den Tag von der Haut.
Da das Essen nach dem Waschen immer noch nicht fertig war, beschloss ich, in die Stube zu gehen und mich mit meinen Puppen zu beschäftigen.
Meine Lieblingspuppe Anne lag auf Mamas Sessel. Auf dem Bauch. Mit dem Gesicht nach unten. Wer hatte die denn so komisch hingelegt? Die konnte ja gar nicht atmen. Ich hob sie hoch und setzte sie ordentlich auf den Sessel. Das gelbe Filzkleid leuchtete wie die helle Mittagssonne. Ich erzählte Anne von dem unglaublichen Abendrot und meiner Theorie über die Himmelstür. Sie war ganz meiner Meinung.
Mein Blick ging durch die Stube und blieb bei dem Kreuz hängen, das dort an der Wand hing. Zum ersten Mal nahm ich wahr, dass das nicht nur ein Kreuz war, sondern ein Mensch daran hing. Hing der da schon immer? Ich schaute mir das Ganze mal aus der Nähe an. Tatsächlich. Da hing all die Jahre ein Mann an unserer Wand, und ich habe den nie gesehen. Er war nur etwas kleiner als meine Puppe Anne. Lange Haare und fast nackig. Er musste ein sehr böser Mensch gewesen sein, denn der hing ja an einem Kreuz. Das war bestimmt zur Strafe. Aber wieso hing der bei uns? War das vielleicht Familie? Ein böser Onkel, von dem niemand mehr sprach, weil seine Taten einfach zu schrecklich waren? Je länger ich ihn ansah, desto mehr tat er mir leid. Jahrelang hing er hier unbeachtet herum, und das fast nackt. Es war doch ganz schön frisch geworden. Und so beschloss ich, ihm etwas anzuziehen.
Egal was er verbrochen hatte, nackig in der Kälte hängen, das war einfach nicht gerecht. Ich ging zu

Anne und zog ihr das gelbe Kleid aus. Sie hatte sicher nichts dagegen. Ich schob einen Stuhl an die Wand unter das Kreuz und kletterte hinauf. Der Mann war fest auf das Kreuz geschraubt. Der rührte sich keinen Millimeter. Dann wird das Anziehen doch schwieriger als gedacht. Erst einmal war das Kleid etwas zu lang und zweitens brauche ich nur ein halbes Kleid. Nur für die Vorderseite. Ich stieg vom Stuhl und suchte Mamas Nähkasten. Ich fand ihn schließlich im alten knarrenden Eichenschrank.
Ich nahm die Schere und schnitt das Kleid in zwei Teile, kletterte wieder auf den Stuhl und hielt es an. Dann sah ich, wie viel es noch zu lang war, und schnitt es in der Länge zurecht. Dann nahm ich mir eine Nadel und etwas Garn. An den Trägern des Kleides vernähte ich ein paar Fäden, um das Kleid dann an den Armen des Mannes zu verknoten. Alles funktionierte wirklich ausgezeichnet.
Ich kletterte von dem Stuhl, stellte ihn zurück auf seinen Platz und schaute, mit genügend Abstand, auf mein Werk. Ich war begeistert. Das gelbe Kleid stand dem Mann hervorragend. Plötzlich erschien meine Mutter in der Tür und wollte mich zum Abendessen holen.
Sie sprach mich an, folgte meinem Blick, stockte, sah wieder mich an, dann den eingekleideten Mann. Irgendwie entwich die Farbe aus ihrem Gesicht. Ich sah, wie sie nach Luft schnappte.
Ich dachte nur: «Ging mir genauso. Da hängt ein nackter Mann an der Wand und keiner hat was gewusst.»
Sie schien es aber doch gewusst zu haben. Denn sie schrie mich an, ob ich denn nicht wüsste, wer das ist.

Nein. Woher denn? Und dann traf es mich wie ein Tritt unseres Pferdes.
«Das ist dein Erlöser. Jesus Christus. Der Sohn Gottes!» schrie sie.
Ich war völlig perplex. Der Sohn Gottes hängt bei uns nackig in der Stube? Warum? Und wieso überhaupt am Kreuz? Tausend Fragen schossen mir durch den Kopf. Aber meine Mama war nicht in der Lage, mir auch nur eine einzige zu beantworten. Zu sehr war sie mit Schreien beschäftigt.
«Du hast den Sohn Gottes entweiht!» rief sie völlig verzweifelt und riss mein Kleid von seinem Körper. Ich wurde ohne Abendessen auf mein Zimmer geschickt. Der Hunger sollte meine vorläufige Strafe sein. Was niemand wusste, war, dass ich unter meinem Bett eine Blechdose mit allerlei Süßkram versteckt hatte, und so musste der Hunger leider ausfallen.
Ich konnte nur sehr schwer einschlafen. Hatte ich jetzt wirklich Gottes Sohn beleidigt? Aber warum überhaupt? Ich wollte doch nur, dass er nicht mehr frieren muss. Und zur Not würde doch auch ein Mann ein Kleid anziehen. Ich meine, bevor er friert. Oder nicht?
Ich träumte komplett sinnloses Zeug und erwachte völlig erschöpft. Beim Frühstück sahen mich meine Eltern sehr lange und sehr streng an. Ich traute mich kaum in mein Brot zu beißen. Meine Oma saß an der linken Seite des Tisches und ihr Gebiss klapperte beim Kauen.
«Könnte jetzt mal irgendwer etwas sagen?» nuschelte sie zwischen Brotresten und ihren dritten Zähnen in die Runde. Mein Vater senkte seinen Blick und schaute in die Kaffeetasse. Von ihm hatte ich nichts

zu befürchten. Er ging solchen Konflikten lieber aus dem Weg und überließ das meiner Mutter.
«Ich dulde in meinem Hause keine Blasphemie!» hob sie an. Dieses Wort hatte ich noch nie gehört. Wahrscheinlich hieß das: Keine gelben Kleider für den Sohn Gottes!
«Die Kleine hat das doch nur gut gemeint», entgegnete meine Oma und rührte lautstark ihren Tee um.
Das beeindruckte Mama leider überhaupt nicht. Lächerlich hätte ich Christus gemacht. Wie ein Zirkusclown hätte er ausgesehen. Und beim heutigen Kirchgang müsse ich dafür Buße tun.
Ich sollte mit in die Kirche? Da war ich noch nie mitgegangen. Ich wartete mit Papa immer im Dorfkrug, bis Mama und Oma aus dem Gottesdienst kamen. Dann ging es nach Hause, allerdings ohne Papa. Der bleib noch eine ganze Weile und kam dann immer ganz lustig nach Hause. Und jetzt sollte ich auf meine Sonntagslimo verzichten, um in die Kirche zu gehen? Das war gemein. Aber Mama ließ sich auf keine Verhandlungen ein. Es fiel sogar das Wort: Seelenheil.
Und so wurde ich in mein bestes Kleid gesteckt und an der Hand meiner Mutter in die Kirche gezogen. Der Herr Pfarrer empfing uns an der großen, schweren Kirchentür. Ein kleiner, dicklicher Mann mit Glatze und sehr kleinen Augen. Er war hoch erfreut mich zu sehen. Aber als meine Mama ihm erzählte, was ich getan hatte, verfärbten sich seine kleinen Augen sehr dunkel. Mit Verachtung sah er auf mich herab.
Den Einwurf meiner Oma, das Ganze hätte doch auch was Lustiges, schmetterte er sofort ab.

«Man nähert sich Gott mit ernster Demut und nicht mit Faxen!» polterte er. Kleinlaut betraten wir die Kirche.
Und die sah nicht sehr gemütlich aus. Es war eiskalt, und die Bänke waren steinhart. Hinter uns ragten die Pfeifen der Kirchenorgel empor. Vor uns gab es einen kleinen Tisch und darüber ein Kreuz. Auch mit einem halbnackten Mann. Nur viel größer als in unserer Stube.
Mit einem großen Krach wurde die Kirchentür geschlossen, und die Orgel begann zu spielen. Die Wucht der tiefen Töne wummerte in meinem Bauch. Dann wurde gesungen, gebetet und wieder gesungen. Irgendetwas in mir kam langsam in Bewegung. Mein kleines Herz pochte wie wild, und meine kalten Wangen glühten rot. Das Feuer der Kerzen loderte und tanzte im Luftzug des alten Gemäuers.
Die Orgel schoss ihren Klangteppich ins Gewölbe, der sich wie eine Welle brach und wieder zurückschwappte. Der Pfarrer redete sich in seiner Predigt in Rage. Seine Augen glänzten, der Mund hing schief im Gesicht und geiferte. Die Fäuste dem Himmel entgegengestreckt schrie er von Sünde, Schuld und Ernsthaftigkeit. In diesem ganzen Durcheinander klingelten meine Ohren und meine Augen brannten, wie im Fieber. Ich sah nach vorne auf das Kreuz, und Tränen liefen mir über das Gesicht. Die Orgel dröhnte durch das Gemäuer, und der Pastor war in völliger Ekstase.
«Es tut mir so leid!» dachte ich und wollte gerade meinen Blick abwenden, da geschah es: Der nackte Mann am Kreuz begann sich zu bewegen.
Er bewegte seinen Kopf langsam hin und her. Sein Brustkorb hob und senkte sich, als würde er plötzlich

atmen. Ein Akkord schlug mir an den Kopf, und der Mann löste sich von dem Kreuz, an dem er hing. Seine Hände und Füße lösten sich von den Nägeln, und er schwebte nun vor dem Kreuz. Man konnte durch die Löcher seiner Hände sehen. Und dann sah er mich an. Er schaute mir direkt in die Augen. Und er schwebte durch die Luft ganz langsam auf mich zu. Ich traute mich kaum zu atmen. Das Gesicht des Pfarrers war gänzlich zur Fratze verzerrt. Er stieß immer wieder das Wort „Sünde" aus. Niemand außer mir schien den schwebenden Mann zu bemerken. Sein langes Haar und der Lendenschurz wehten, als er auf mich zuschwebte. Ich war wie versteinert. Der Organist spielte wie im Wahn auf einen Höhepunkt zu. Langsam kam der Sohn Gottes vor mir zum Stehen. Sein Gesicht war jetzt nur noch wenige Zentimeter vor meinem. Gerade noch weit genug entfernt, dass er noch zwei Augen hatte. Und was für welche. Ich hatte noch nie ein solches Blau gesehen. Sein Blick ging mir durch und durch. Er öffnete langsam den Mund und streckte mir die Zunge raus. Dann schloss er wieder den Mund, zwinkerte mir zu und grinste über das ganze Gesicht. Dann schwebte er wieder zurück ans Kreuz, und es war, als wäre nichts gewesen. Meine Anspannung löste sich, und ich begann zu lachen. Ich lachte so laut und aus vollstem Herzen, wie ich es noch nie in meinem ganzen Leben getan hatte. Alle schauten mich sehr irritiert an. Auch der Herr Pfarrer. Meine Mutter stieß mir mit dem Ellenbogen in die Seite. Ich konnte einfach nicht aufhören. Und jeder weiß, wie ansteckend herzliches Kinderlachen ist.
Erst gab es vereinzeltes Glucksen, und schon bald fingen auch die anderen Kirchgänger an zu lachen.

Wie eine Welle verbreitete sich das Lachen durch die ganze Kirche. Allen liefen die Lachtränen über die Wange. Und für einen kleinen Moment huschte sogar meiner Mama ein Lächeln über das Gesicht.

# Der Tag, an dem das Wasser begann zu sprechen

Tyler atmete langsam ein und aus. Seine Zehen fühlten die raue Plattform unter sich. Schweißperlen liefen ihm über das Gesicht, und er wusste nicht, ob sie von der schwülen Luft des Dschungels kamen oder von der Aufregung. Sein erster Bungee-Sprung. Fünfzig Meter freier Fall in die Tiefe, bevor ihn das Gummiseil wieder in die Höhe katapultieren würde. Sein Bauch fühlte sich an, als würden sich Aale in ihm winden. Unter ihm leuchtete der See in einem fast mystischen Grünton. Wenigstens erwartete ihn unten nicht irgendeine scharfkantige Felsformation, sondern das kühle Nass. Nachdem erneut alle Sicherungen geprüft worden waren, hörte er ein lautes: „Go!"
Er atmete tief ein, hielt die Luft an und ließ sich langsam nach vorne fallen. Unweigerlich begann er zu schreien und stürzte in die Tiefe. Wie in Zeitlupe sah er die Oberfläche des Sees immer näherkommen. Plötzlich schossen ihm die Erinnerungen an ihr Ritual am gestrigen Tag durch den Kopf. Ihr einheimischer Guide hatte sie zu einer sogenannten „weisen Frau" gebracht. Er hatte eine mystische Jurte erwartet und war dann sehr enttäuscht, als der Wagen vor einer nicht sehr einladenden Wellblechhütte hielt.
«Typische Touristenabzocke!» dachte er beim Eintreten in die Hütte. In einem kargen Raum, in dem eine Bastmatte auf dem Boden lag und ein alter Telefunkenfernseher in der Ecke stand, saß eine ältere Dame auf einem weißen Plastikstuhl. Neben ihr stand ein kleiner Campingtisch, auf dem ein Aschenbecher

überlief und eine alte Colaflasche mit einer sonderbaren Flüssigkeit gefüllt war. Sie wurden aufgefordert, sich vor der weisen Frau auf den Boden zu setzen. Sie nahm einen qualmenden Zigarrenstummel aus dem Aschenbecher und blies Tylers Begleitung Rauch ins Gesicht. Beide begannen zu hüsteln. Dann griff sie in die Tasche ihres Umhanges und übergab Tylers Begleitung einen grünen Stein als Talisman. Danach war Tyler selbst an der Reihe. Auch ihm blies sie Rauch ins Gesicht und schaute ihn lange an. Ihre Augen wurden immer größer. Irgendetwas hatte sie wohl entdeckt. Aufgeregt und ungläubig schaute sie hin und her. Das verunsicherte Tyler, und er fragte, ob denn alles in Ordnung sei. Die alte Frau rief immer wieder in einem alten Dialekt das Wort: Wasser. Dann schickte sie die Begleiter hinaus, und Tyler war nun mit ihr allein. Langsam erhob sie sich und kniete sich zu ihm auf dem Boden. Lächelnd streichelte sie ihm über das Haar. Er war komplett verunsichert und wusste nicht, wie er damit umgehen sollte. Also ließ er es stumm über sich ergehen. Plötzlich griff die alte weise Dame wieder in die Tasche ihres Umhanges und kramte ein kleines tönernes Gefäß hervor. Sie entfernte den Korken und goss sich etwas von der enthaltenen Flüssigkeit auf ihre Hand. Tyler versuchte zu erschnüffeln, um welche Flüssigkeit es sich handeln könnte, aber es war kein Geruch auszumachen. Dann wurde die Hand über seinen Kopf erhoben und ihr Inhalt ergoss sich über seine Haare, den Nacken und sein Gesicht. Unweigerlich musste er an seine Kindheit denken. Seinem Hund wurde mal ein Mittel gegen Flöhe und Zecken in den Nacken geträufelt,

das sich dann über die ganze Haut des Tieres verteilte. Ein ähnliches Gefühl hatte er nun bei sich.
Noch den ganzen Abend ließ ihn dieses Erlebnis nicht los. Und in der Nacht träumte er von Hunden, die im Meer badeten.
Und nun hing er an einem elastischen Seil und war kurz davor ins kühle Nass zu tauchen.
Er streckte die Hände aus, um nach dem Wasser zu greifen. Als der erste Finger in das Wasser eintauchte, hatte er das Gefühl, er hätte in eine Steckdose gegriffen. Ein sonderbares Kribbeln durchströmte seinen ganzen Körper. Völlig perplex schaute er auf seine Hände und wurde in dem Moment wieder in die Luft gerissen.
Dieses Spiel wiederholte sich noch ein paar Mal, bevor sich das Seil entspannte und er kopfüber hin und her baumelte. Sofort kam das Boot angefahren, um ihn von seinen Fußfesseln zu befreien. Sein ganzer Körper war noch von einem seltsamen Rauschen erfasst. Vorsichtig setzte er sich auf den Rand des Bootes. Was für ein sonderbares Erlebnis.
Tyler war gerade dabei, alles mit dem erhöhten Endorphin-Level zu erklären, als irgendetwas das Boot rammte und er kopfüber zurück in den See fiel.
Er schlug mit Händen und Füßen um sich und versuchte auszumachen, wo oben und unten waren.
Über ihm leuchtete die Sonne und unter ihm schimmerte ein seltsames blaues Licht. Er machte einen kräftigen Schwimmzug Richtung Wasseroberfläche, doch sein Körper bewegte sich genau in die entgegengesetzte Richtung.
Sofort setzte er weitere Schwimmzüge nach und sank immer tiefer. Er trieb dann etwa einen halben Meter über dem Grund des Sees. Eine Art Strudel hatte sich

gebildet und drehte ihn um die eigene Achse. Das blaue Licht umschloss ihn, wie ein Tunnel. Dann löste sich Flüssigkeit von seiner Haut, und er wusste instinktiv, dass das die Flüssigkeit war, mit der ihn die weise Frau benetzt hatte. Diese Flüssigkeit floss ins blaue Licht, verfärbte sich nun auch blau und kam zurück zu ihm und verschwand in seinem Köper. Dann erhielt er plötzlich ungeheuren Auftrieb und raste hoch an die Wasseroberfläche. Verwundert und nach Luft schnappend, schwamm er zurück zum Boot. Offensichtlich war niemand ihm nachgeschwommen, um zu helfen. Verärgert kletterte Tyler in das Boot und stellte die Männer zur Rede. Die antworteten lapidar, dass er ja gleich wieder aufgetaucht wäre. Sie hatten eindeutig ein anderes Zeitgefühl als er. Forschend suchte er seine ganze Haut ab, um irgendwo blaue Farbe zu entdecken. Aber da war nichts. Er merkte, wie das Endorphin vom Sprung und dem Erlebnis langsam nachließ und sich eine bleierne Müdigkeit in ihm breit machte. Er wollte nur noch zurück ins Hotel.

Dort angekommen fiel er wie ein Stein ins Bett und schlief sofort ein.

Am nächsten Morgen, als er erwachte, hatte er das Gefühl, er habe in der Sahara übernachtet. Er war völlig ausgetrocknet. Sein Mund fühlte sich an wie Sandpapier und die Augen brannten. Sofort griff er nach der Wasserflasche und leerte sie fast komplett. Danach lag er noch einige Minuten im Bett und starrte an die Decke. Was für abgefahrene zwei Tage. Er überlegte, ob man ihm vielleicht heimlich eine Art Droge verabreicht hatte. Anders konnte er sich das nicht erklären. Aber möglicherweise lief ja der heutige Tag etwas normaler. Mit dieser Hoffnung erhob er sich und begab sich in die Dusche. Als das Wasser die gewünschte Temperatur erreicht hatte, stellte er sich unter die herrlich festen Wasserstrahlen und schloss die Augen. Ein großartiges Gefühl. Er war ein großer Duschfan. Das hatte immer etwas unglaublich Befreiendes. Ein wohliger Schauer durchströmte seinen Körper. Er griff nach dem Duschgel und schaute dabei neben sich. Er stutzte. Was war denn das für eine komische Dusche? Die Wassertropfen fielen nur zum Teil zu Boden. Einige von ihnen schwebten in der Luft, als wären sie schwerelos. Ungläubig sah sich Tyler nach allen Seiten um. Was war hier los? Hatte die Dusche das schon gestern gemacht? Instinktiv schlug er auf die Armatur, um den Wasserfluss zu stoppen. Das gelang ihm auch. Die Wassertropfen schwebten noch einige Sekunden in der Luft, fielen dann zu Boden und verschwanden im Abfluss.

Eingehüllt im Hotelbademantel saß er auf seinem Bett und hatte langsam das Gefühl, verrückt zu werden. Sollte er vielleicht einen Arzt aufsuchen, der ihn und seine Blutwerte mal richtig durchcheckte? Er beschloss das noch zu verschieben. Schließlich saß er schon morgen in einem Flugzeug, das ihn zurück nach Europa brachte. Rom, um genau zu sein. Die Liebe seines Lebens erwartete ihn dort. Und ihm waren europäische Krankenhäuser irgendwie lieber. Den Rest des Tages verbrachte er im Landesinneren, weit weg von irgendeinem Gewässer.

Am nächsten Tag fuhr er zum Flughafen, ohne vorher zu duschen. Er benutzte die Einwegwaschlappen des Hotels. Nicht sehr umweltbewusst, aber das war ihm zu dem Zeitpunkt einfach die sicherere Variante.

Der Check-In am Flughafen ging erstaunlich schnell und mühelos. Und schon hob die Maschine ab, und er befand sich auf dem Weg zurück nach Europa. Tyler litt nicht grundsätzlich unter Flugangst, sonst würde er so lange Flüge auch nicht überstehen, aber er hatte einen Heidenrespekt vor Turbulenzen.
Diese unvorhersehbaren, ruckartigen Bewegungen führten zu mikrodosierten Angstattacken. Auf langen Flügen griff er daher gerne zu den kleinen Whiskeyflaschen, die auf Wunsch am Platz serviert wurden.
Beim Einsteigen hatte er bemerkte, dass sich eine große Gruppe auf die Reihen verteilte.
Ein italienisches Orchester kam von einer kleinen Tournee zurück. Jetzt hieß es schnell sein. Vor Jahren hatten die Londoner Philharmoniker in einem Flug von Tokio nach Frankfurt alle Spirituosen innerhalb eines Wimpernschlages eliminiert. Ihm blieb nur noch ein unfassbar schlechter Rotwein in einem Plastikglas. Dieses Mal war er schnell genug, und er merkte, wie sich der hochprozentige Alkohol mollig weich durch seinen Körper schlängelte. Er verschloss seine Ohren mit den passenden Stöpseln und die Augen mit einer Schlafmaske. Es dauerte nicht lange und er befand sich im Land des Schlummers.
Ein flaues Gefühl im Magen riss ihn wieder ins Hier und Jetzt. Schlaftrunken schob er die Maske von seinen Augen und blinzelte um sich. Erneut kribbelte sein Bauch, und er wusste auch woher das kam. Turbulenzen. Ein Luftloch jagte das nächste. Was war denn jetzt los?
Er schaute aus dem Fenster und sah die dunklen Wolken und, wie der Wind den Regen an die Scheibe peitschte. Warum flog der Kapitän denn durch ein

Unwetter? An Schlaf war vorerst nicht zu denken. Jede Turbulenz wurde von den feuchtfröhlichen Philharmonikern wie in einer Achterbahn kommentiert. Man riss gemeinsam die Arme nach oben und schrie: «Hui!»
Die Stewardess versuchte Ruhe in den Laden zu bekommen, was ihr nach einigen Anstrengungen und Drohungen auch gelang. Müde und genervt schaute Tyler aus dem Fenster. Die Regentropfen rasten horizontal über die kleine Scheibe. Er fühlte sich für einen Moment zurückversetzt in seine Kindheit, wo er die Tropfen an der Scheibe seines Kinderzimmers, gegeneinander in ein Rennen schickte. Doch irgendetwas veränderte sich an dieser Scheibe im Flugzeug. Wie auf ein geheimes Kommando änderten die Tropfen ihre Fließrichtung und begannen sich in der Mitte des Fensters zu sammeln. Es bildete sich langsam eine handtellergroße Pfütze in der Mitte der Scheibe, die einen ähnlichen Effekt entwickelte wie ein Spiegel. Er sah deutlich sein eigenes Gesicht im wabernden Wasser. Dann änderte sich die Physiognomie des Gesichtes, und ihn schaute ein völlig fremdes Gesicht aus dem Wasser an. Es bewegte sich langsam hin und her und schaute ihm direkt in die Augen. Der Mund bewegte sich langsam auf und zu, als wollte er etwas sagen. Wie gebannt starrte Tyler auf das Geschehen. Vorsichtig hob er den Arm und tippte mit dem Zeigefinger an die Scheibe. In diesem Moment löste sich das Gesicht in unzählige Tropfen auf und wurde auf der Stelle vom Wind in alle Richtungen verweht. Er konnte es nicht fassen. Was war denn mit ihm los? Seit diesem Ritual in der Wellblechhütte reagierte das Wasser auf diese unglaubliche Art und Weise. Oder aber er war noch

auf irgendeinem Tripp, der einfach nicht enden wollte. Vielleicht hätte er doch lieber keinen Whiskey trinken sollen. Eine halbe Ewigkeit starrte er noch auf die Scheibe, ob sich das Spektakel eventuell wiederholen würde, aber nichts dergleichen geschah. Irgendwann übermannte ihn wieder der Schlaf, und er erwachte, als die Stewardess an seiner Schulter rüttelte. Sie waren in Rom gelandet.

Die Freude über das Wiedersehen mit seiner Liebe ließ ihn alle Vorkommnisse schnell vergessen. Er genoss ihre Anwesenheit. Sog ihre Blicke, ihr Lächeln, ihre Berührungen und Küsse in sich auf.

Als sie beim Essen saßen, und sie von ihren letzten Tagen berichtete, schaute er sie an und wusste wieder, warum er den Rest seines Lebens mit ihr verbringen wollte. Sie machte alles besser. Selbst wenn etwas bereits perfekt lief, war es mit ihr an der Seite noch zehnmal besser. Nach dem Essen gingen sie noch eine Weile durch das bereits schummrige Rom. Auf den Straßen tobte das Leben. Es wurde in den Gassen nicht nur gesprochen, geschrien, gefahren und geflucht, sondern es wurde eine Oper aufgeführt. Eine Oper des Lebens. Alles war ein bisschen lauter als normal. Ein bisschen schneller als normal. Ein bisschen dramatischer als normal. Und ein bisschen schöner als normal. Diese zelebrierte Kunst des Lebens gab es so nur in Italien. Den Abschluss bildete ein wunderschöner Vollmond über der ewigen Stadt.

Tyler merkte langsam die Anstrengungen der Reise und den Zeitunterschied in den Knochen.

So beschlossen sie, in ihr Hotel zu gehen. Obwohl er hundemüde war, fiel es ihm schwer einzuschlafen. Neben ihm atmete ruhig und gleichmäßig seine Liebe.

Sie konnte in Rekordzeit einschlafen. Immer und überall. Sie sprach von ihrer Superkraft, die sie schon seit ihrer Kindheit beherrschte.
Er schaute durch die Vorhänge des geöffneten Fensters, und der Mond schien auf den dunkelbrauen Holzfußboden des Hotelzimmers. Er hatte das Gefühl, als wäre der Mond dieses Mal besonders hell. Aber es war kein Supermond angekündigt. Er schloss die Augen und versuchte die aufsteigende Nervosität wegzuatmen. Nach einer Weile verwandelte sich das Geräusch seines Atems in das Rauschen des Meeres, als würden Wellen durch seinen Körper fließen. War das der Mond? Es war ja bekannt, dass der Mond Einfluss auf das Wasser der Erde hat, aber auch auf das Wasser in seinem Körper? Überhaupt war er ja eigentlich mehr Wasser als alles andere. Zu wie viel Prozent bestand der menschliche Körper aus Wasser? Seine Gedanken überschlugen sich. Irgendetwas in ihm formierte sich und stieg langsam empor. Doch kurz bevor es die Oberfläche erreichte, atmete er es wieder weg. Was war bloß los mit ihm? Nach Halt suchend schaute er hinüber zu seiner schlafenden Liebe. Sie war die Ruhe selbst. Ihr Anblick beruhigte ihn. Liebevoll und vorsichtig griff er nach ihrer Hand, ohne sie aufzuwecken. Kaum hatte er ihre Hand berührt, sah er einen kleinen, ungewöhnlich langen Hund mit schwarz-weißem Fell, der mit einem kleinen Mädchen spielte. Sowohl Kind als auch Hund schienen unglaublich glücklich. Immer wieder rief sie den Namen des Hundes: Willi. Dann verschwand das Bild vor seinem inneren Auge genauso schnell, wie es gekommen war. Tyler wusste nicht, was das alles zu bedeuten hatte, aber eines wusste er, das kleine

Mädchen musste die schlafende Schönheit neben ihm gewesen sein.
Am nächsten Tag, als sie beim Frühstück saßen, fragte er sie, ob sie mal ein Haustier hatte. Sie schüttelte den Kopf und verneinte. Diese Antwort hatte er nicht erwartet. Enttäuscht und verwirrt nahm er einen Schluck feinsten Kaffees. Dann hielt sie inne und begann von dem Hund ihrer Großeltern zu erzählen. Ihre Augen leuchteten.
«Du meinst Willi», warf Tyler ein.
Sie stutzte.
«Habe ich dir von ihm schon erzählt?» fragte sie irritiert.
Er wusste nicht, was er auf die Frage antworten sollte. Unsicher schüttelte er den Kopf.
Fragend legte sie den Kopf zur Seite.
«Das hast du doch nicht einfach geraten. Oder hast du neuerdings mystische Fähigkeiten, von denen ich nichts weiß?»
Eine viel zu lange Stille entstand.
«Willst du mir vielleicht was sagen?» hakte sie nach.
Und dann platzte es aus ihm heraus. Einfach alles. Das Ritual, der See, die Dusche, das Fenster im Flugzeug und der gestrige Mondschein mit Hundeoffenbarung.
Der Inhalt seiner Erzählungen schien sie weniger zu beunruhigen als der Umstand, dass er erst jetzt damit herauskam. Er entschuldigte sich tausendmal und versuchte zu vermitteln, wie es ihm damit ging. Sie fasste zusammen.
«Entweder passiert hier gerade echt mystischer Scheiß mit dir oder du hast einen gewaltig an der Waffel.»
Besser hätte er es auch nicht benennen können. Aber er war unsicher, was ihn weniger beunruhigen würde.

«Und ich weiß nicht, ob meine Überraschung jetzt noch so eine gute Idee ist», fuhr sie fort. Und dann offenbarte sie ihre Reisepläne in die Toskana ans Meer. Ihre beste Freundin hatte ihr von einer zauberhaften, kleinen Stadt erzählt. Castiglione della Pescaia. Tickets und eine Ferienwohnung waren bereits gebucht. Aber wollte er nach den Erfahrungen der letzten Tage wirklich ans Meer?
«Willst du?» fragte sie vorsichtig.
«Ja», hörte er sich sagen.
Hatte er das wirklich gerade gesagt? Das Ja war wie etwas, das automatisch beim Aufstoßen passiert, aus seinem Mund geperlt. Viel schneller, als sein Kopf ein Für und Wider abwägen konnte. Sie grinste über das ganze Gesicht.
«Gott sei Dank. Ich weiß nämlich nicht, ob ich noch stornieren könnte.»
Und so saßen sie ein paar Stunden später in dem Zug nach Grosseto.
Sie hatte ihm nicht zu viel versprochen. Castiglione war in der Tat eine wunderschöne, kleine Stadt. Wie der Name verriet, thronte über allem die mittelalterliche Burg aus dem zwölften Jahrhundert. Ein kurzer Blick auf das Smartphone reichte, um ein wenig über die Geschichte zu erfahren. Tyler war kein Mann für die Faltblätter, die die Touristeninformationen zur Verfügung stellten. Er las, dass zu Zeiten der Etrusker, also vor dem Bau der Stadt, dieser Landstrich noch unter einem Salzsee verborgen lag.
Das Taxi hielt am Hafen, in der Nähe ihrer Ferienwohnung. Neben vielen kleineren Fischerbooten lagen auch stattliche Jachten am Kai. Sein Blick fiel auf die Einfahrt in den Hafen, links und

rechts gesäumt von einem blauen und einem roten Leuchtturm. Neben der Mole lag der freie Strandabschnitt, der nicht mit Liegen vollgestellt war und kostenfrei genutzt werden durfte. Ein leichter Wellengang plätscherte an den wunderschönen Sandstrand. Er blickte auf das blaue Mittelmeer, und ein sonderbares Sehnen erfasste ihn. Jede Welle, die vom Strand zurück ins Meer floss, zog ihn weiter in die Nähe des Wassers. Es war eine Art hypnotisches Rufen tief in seinem Herzen. Zärtlich strich ihm seine Liebe über den Hinterkopf.
«Alles in Ordnung?» fragte sie behutsam.
Er nickte, und sie trugen ihre Taschen in die Ferienwohnung.
Am Abend gingen sie auf Entdeckungsreise durch die typischen alten Gassen einer typischen kleinen toskanischen Hafenstadt. Es wuselte voller Menschen. Er hörte Stimmen aus aller Herren Länder. Trotz der Menschenmassen kam keine Hektik auf. Alle strahlten eine unglaubliche Freude und Zufriedenheit aus. La dolce vita. Nach einem fantastischen Essen und einem großartigen Wein fielen beide todmüde ins Bett.
Am nächsten Morgen gurgelte der Espresso auf der Herdplatte und erfüllte die ganze Küche mit einem herben Kaffeeduft.
«Wollen wir heute mal den Strand probieren?» fragte sie in die Stille.
Er zuckte zusammen, als hätte sie ihn gefragt, ob sie heute Löwen streicheln wollten.
«Ich bin ja dabei, falls was ist», versuchte sie ihren Vorschlag zu entschärfen.
Irgendwie war er ihr dafür dankbar, auf der anderen Seite kränkte ihre Fürsorge seinen Stolz.

Es war schließlich nur Wasser. Und noch dazu das Mittelmeer. Man las sehr selten von Angriffen durch weiße Haie oder Kraken so groß wie Reihenhäuser. Und er war keine drei Jahre alt.
«Klar», antwortete er so selbstbewusst, wie möglich.
Und so stand er eine Stunde später mit seiner türkisfarbenen Badehose am Strand und blickte auf das Meer. Es war wunderschön. Das Blau des Himmels und des Meeres strahlten um die Wette. Es war fast windstill und die Wasseroberfläche war zwischen den kleinen Wellen flach wie ein Spiegel.
«Soll ich mit?» fragte sie, während sie ihren Bikini richtete.
«Also bitte!» raunzte er zurück.
Sie zuckte mit den Schultern und lief in die Fluten. Noch eine ganze Weile schaute er ihr nach, bevor er sich selbst in Bewegung setzte. Nachdem er die Decke verlassen hatte, merkte er erst, wie heiß der Sand war. Augenblicklich brannten seine Fußsohlen, und er begann ebenfalls zu laufen. Das kühle Nass an seinen Füßen war die reinste Erlösung. Vorsichtig schob er sich weiter ins Wasser. Schon waren die Knie bedeckt. Jetzt kam die Entscheidung. Langsam mit dem Schritt ins Wasser oder kurz und schmerzlos mit einem Köpper eintauchen. Er entschied sich für die zweite Variante und tauchte ein.
Beim Auftauchen stand er nun bis zum Bauchnabel im Mittelmeer und schaute in die Weite. Er merkte, wie sich wieder in ihm etwas formierte und hochstieg. Eine Ergriffenheit packte ihn und trieb ihm die Tränen in die Augen. Er fühlte sich genau richtig und vollkommen. Ein perfekter Moment. Und in seinem Herzen formte sich die Frage: Was willst du von mir? Und er bekam Antwort.

«Du bist ich und ich bin du», donnerte es in seinem Inneren, gefolgt von Bildern, die im Sekundentakt wechselten. Menschen aus unterschiedlichen Epochen, mit unterschiedlichen Hautfarben und Kleidungen. Städte und Schiffe. Alte, neue, moderne und noch nie gesehene. Tiere. Von Insekten bis zu Dinosauriern. Kleinste Algen und gewaltige Wälder. Und dann war nur noch Stille und eine Dunkelheit. Eine silberne Wasseroberfläche und über ihr ein kleines, schwebendes Licht. Und er hörte die Worte: Und die Erde war wüst und leer, und Finsternis lag auf der Tiefe; und der Geist Gottes schwebte über dem Wasser.
Dann stieg alles Lebendige aus dem Wasser empor. Ein Embryo wuchs im Wasser zu einem Menschen, dessen Körper aus Wasser bestand, dann fiel der Mensch alt zu Boden und das Wasser floss zurück in den Boden, aus dem wieder neues Leben entstand. Ein ewiger Kreislauf von Anbeginn an. Und Tyler erkannte, dass alles aus allem erwächst und seine Spuren im Wasser zurücklässt. Gewaltiges Wissen durchströmte diesen Planeten, alles Lebendige. Das Leben selbst. Und all das lag nun offen vor ihm, bereit sein Wissen zu teilen. Und er wollte zuhören. Ihm wurde bewusst, dass er soeben das Ritual einer Taufe durchlaufen hatte.

# Der gelbe Mann

Die Tür fiel hinter Georg ins Schloss. Panisch tastete er sofort die Taschen seiner hellbraunen Cordhose ab, auf der Suche nach den Schlüsseln. In letzter Zeit vergaß er sie häufig in der Schale auf dem kleinen Schuhregal, und das zog einen sehr unangenehmen Rattenschwanz nach sich. Es begann mit dem eigenen Ärger über seine Vergesslichkeit und führte dann weiter an die Rezeption der Einrichtung, in der er nun lebte, wo sich dann die Empfangsdame ärgerte. Die sagte dann einer Pflegekraft Bescheid, die sich wiederum ärgerte, weil sie die Ersatzschlüssel holen musste. Schon wieder.
Aber dieses Mal fühlte er in der Tasche seiner Hose den Ring mit den drei Schlüsseln für die allgemeine Eingangstür, die Tür zu seinem Appartement und den kleinen Schlüssel für das Postfach. Erleichterung machte sich in ihm breit. Er setzte seinen Weg in den Speisesaal fort, denn es war Frühstückszeit. Früher hatte er sich über feste Essenszeiten lustig gemacht. Er aß immer, wann er wollte. Manchmal startete er ohne Frühstück und ging gleich zum Mittagessen über. Oder er aß mittags nur eine Kleinigkeit und dafür abends warm. So wie er Lust hatte.
Das alles hatte sich längst geändert. Jetzt war er froh, dass es diese festen Zeiten gab. Sie gaben ihm Struktur. Das Gefühl in etwas eingebunden zu sein. Und das brauchte er in letzter Zeit immer dringender. Etwas hatte sich verändert. Ganz langsam, aber unaufhaltsam. Immer häufiger ging Georg irgendwie verloren. Er war zwar immer da, im Jetzt.

Aber das „Jetzt“ war nicht immer da, wo alle anderen sich aufhielten. Sein Jetzt war flexibel. Es scherte sich nicht um Zeit und Raum. Es fühlte sich manchmal so an, als würde jemand bei einer Tanzveranstaltung plötzlich die Platte wechseln, aber nur man selbst hört das neue Lied, alle anderen bewegen sich noch zu dem anderen Song. Nur dass die Bewegung und der Rhythmus nicht mehr zusammenpassen. Dann schaut man dem zu und fragt sich: «Was macht ihr denn da. Ihr bewegt euch ganz falsch. Hört ihr das nicht?» Ein verwirrendes Gefühl. Manchmal fragte er sich, ob er vielleicht den Verstand verlor, aber dann fühlte er sich eigentlich ganz gesund. Nur die anderen schienen seltsam verrückt.
Georg kam im Speisesaal an. Offiziell gab es keine festen Sitzplätze, aber inoffiziell umso mehr. Alles folgte einem festen Ritual, das sich niemand ausgedacht hatte, sondern das sich ganz natürlich ergeben hatte und dem man sich besser fügte. Die Neuen in der Einrichtung bekamen das am deutlichsten zu spüren. Sie kannten die Abläufe noch nicht und brachten so den natürlichen Fluss durcheinander. Zwei Tage später schwammen aber auch sie in dieser minutiös strukturierten Choreografie der Zeit. Manche Dickköpfe hielten es vielleicht noch etwas länger aus, aber auch sie hatten auf lange Sicht keine Chance.
Er setzte sich auf den Platz, auf dem er immer saß. Einer der besseren Plätze. Er konnte beim Essen aus der Fensterfront in den Rosengarten schauen. Viele beneideten ihn um diesen Platz. Aber auch er hatte an anderer Stelle begonnen. Als er eingezogen war, saß er auf einem der Plätze für die Neuen. Mit Blick auf die Wände des Speisesaals. An denen immer die

aktuellen Bilder des Malkurses hingen. Grauenhafte Werke, von gelangweilten Rentnerinnen mit feuchter Makula. Es war fürchterlich, aber so begann jeder Neuling. Nach einem dreiviertel Jahr hatte er Glück und die alte Studienrätin aus Apartment 301 starb und einer der guten Plätze wurde frei. So war der Kreislauf des Lebens. Irgendwann würde er tot umfallen, und jemand anderes konnte auf die Rosen schauen.
Die Servierkraft kam an seinen Tisch. Es war Dienstag, also hatte Lana Frühdienst, eine freundliche Person mit osteuropäischem Akzent. Sie lächelte über das ganze Gesicht und fragte: «Wie immer?»
Auch so ein Spiel. Die Frage sollte den Anschein erwecken, als gäbe es noch eine Wahl, dabei wusste jeder, dass die Tabletts bereits seit sechs Uhr morgens fertig eingedeckt in der Küche standen. Er nickte freundlich zurück und aß, was er immer aß.
Als er fast fertig war, griff er nach dem kleinen Kännchen, um sich den letzten Kaffee einzuschenken. Kaum hielt der das Kännchen in der Hand, verwandelte sich sein Frühstücksteller in einen dampfenden tiefen Teller voller Kartoffelsuppe. Die hatte seine Oma immer für ihn gekocht. Er erkannte sogar das Muster des Porzellans wieder. Das war eindeutig das Geschirr seiner Oma. Der Duft von Kartoffelsuppe stieg ihm in die Nase.
Er schaute verwirrt auf seine linke Hand, die auf dem Tisch lag. Eindeutig die Hand eines Kindes. In der rechten Hand hielt er immer noch das Kännchen mit dem Kaffee und wusste nicht, was er jetzt damit anfangen sollte. Er konnte ja schlecht, den Kaffee in die Suppe schütten. Plötzlich fühlte er eine fremde Hand auf seiner Schulter und schaute in das Gesicht von Lana.

«Der Kaffee gehört hier in die Tasse. Sehen sie? Hier steht sie.»

Georg folgte ihrem Blick und tatsächlich stand dort eine Kaffeetasse. Die Suppe war verschwunden. Stumm schüttete er den Kaffee in die Tasse und stellte das Kännchen zurück auf den Tisch. Als er wieder aufsah, stand zwei Tische weiter ein Mann in einem gelben Anzug, der allerdings seltsam leuchtete. Als würde er mit einem Scheinwerfer angestrahlt. Den hatte er noch nie gesehen. War das ein Neuling?

«Gewagtes Outfit für das Frühstück», dachte sich Georg.

Das war das erste Mal, dass er den gelben Mann sah. Er tauchte nun immer häufiger auf. Seltsamerweise hatte Georg keine Angst vor ihm. Nur diese Ungewissheit, nicht zu wissen, wer er war, ärgerte ihn. Mehrere Male versuchte er, auf ihn zuzugehen. Er fuchtelte mit seiner Hand und rief: «Sie da in Gelb. Wer sind Sie bitte?» Dann lenkte ihn irgendeine Kleinigkeit für eine Sekunde ab, und dann war der gelbe Mann wieder verschwunden. Es war zum Aus-der-Haut-Fahren.

Hinzu kamen die immer häufiger werdenden Zeitsprünge. Am Vormittag suchte er sein Fahrrad, das er zum neunten Geburtstag bekommen hatte, am Nachmittag suchte er Erika Kleinschmidt, um mit ihr in die Milchbar zu gehen, und beim Abendessen wartete er auf seine Frau Konstanze, die nicht auftauchte. Wie könnte sie auch. Sein Spiegelbild im Fenster, im Aufzug oder tatsächlich im Spiegel zeigte ihn in den unterschiedlichsten Lebensphasen der letzten 83 Jahre. Am Anfang betraf es ihn nur selbst, doch auch das änderte sich im Laufe der Zeit.

Sein kleiner Sohn kam ihn besuchen.

Wobei der „Kleine“ auch schon 56 Jahre alt war. Ihm waren schon vor vielen Jahren die Haare ausgegangen. Ansonsten hatte er das Gesicht seiner Mutter. Bei Kaffee und Kuchen saß vor Georg plötzlich der Teenager mit den viel zu langen Haaren und den engen Hemden. Er fragte seinen Sohn, wie es denn mit seiner Freundin Silvia so laufen würde. Irritiert sah ihn sein Sohn an: «Papa, das ist doch schon eine Ewigkeit her. Ich bin doch schon fast dreißig Jahre mit Sabine verheiratet.» Der Rest des Besuchs war dann unangenehm still, und Georg fühlte sich beobachtet. Er verstand die Aufregung nicht. Es war doch nur unterschiedliche Zeit. Daraus musste man doch wirklich nicht so ein Drama machen. Eigentlich machte es ihm immer mehr Freude als Beschwerden. Zugegeben, wenn die Phasen zu lang und die Zeitebenen zu weit auseinander waren, kam es des Öfteren zu Verwechslungen und leichten Hakeleien im Tagesablauf. Aber mit der Zeit wurde er mutiger. Er beschloss zu überprüfen, wie weit er vor und wieder zurück gehen konnte. Er war zwar noch nicht hinter das System gekommen, dass es ihm erlauben würde, gezielt irgendwo hinzugehen, aber ihm war aufgefallen, dass, wenn er sich innerlich fallen ließ, die Abstände größer wurden. Und so setzte er sich in seinen Sessel und legte den alten Schminkspiegel seiner toten Frau neben sich. Dann schloss er die Augen und ließ los. Erst passierte nichts.
Frustriert öffnete er die Augen, nahm den Spiegel in die Hand und blickte in sein enttäuschtes, knittriges Gesicht. Dann entdeckte er hinter sich den gelben Mann, der ihm zulächelte. Georg lächelte zurück und schloss die Augen. Der Blick des gelben Mannes

erinnerte ihn an seine erste Fahrt mit der Achterbahn. Der Mann, der den Sicherheitsbügel herunterklappte, hatte ihn genauso angelächelt. Es war ein Lächeln, das sagte: «Zieh dich warm an, Junge. Jetzt kommt die Fahrt deines Lebens.» Langsam rutschte er nach unten weg. Es war kein Fallen, sondern eher ein wohliges Gleiten.
Als er die Augen wieder geöffnet und in den Spiegel geblickt hatte, sah er in das Gesicht einer wunderschönen Frau, die so um die dreißig Jahre alt war. Von der Frisur und der Kleidung her verortete er die Frau in das späte 18. Jahrhundert.
Er musste sich gar nicht die Frage stellen, wer ihn da ansah. Er war es selbst. Liebevoll strich er sich mit der Hand über das feine Gesicht. Wie schön er war. Er konnte sich vor Verehrern kaum retten, aber er hatte nur Augen für einen Mann. Als der an einer Lungenentzündung starb, brach seine Welt zusammen. Tränen liefen ihm bei der Erinnerung über das Gesicht. Es war alles wieder da. Die Tränen der Trauer, der Freude und des Lachens. Sie hatten so viel zusammen gelacht. Dann sah er ihre beiden Töchter durch das Zimmer laufen.
«Marie. Nicht so schnell», rief er ihnen zu.
Eine erwachsene Stimme antwortete: «Ich heiße Tanja. Ihr Sohn bat mich nach Ihnen zu sehen.»
Verwundert sah er in das Gesicht einer Pflegekraft. Wut stieg in ihm hoch.
«Wie kommen Sie denn hier rein?» fragte er in aller Strenge.
Verunsichert antwortete sie: «Ich habe mir Sorgen gemacht. Ich habe geklopft und geklingelt. Ich dachte, es wäre vielleicht etwas passiert.»
«Mir geht es gut. Danke», antwortete er schmallippig

und machte damit klar, dass er wieder allein sein wollte. Und die Dame zog sich zurück.
Georg liebte seine Reisen. Es war einfach herrlich. Immer wieder entdeckte er neue Schichten seines Seins. Nicht immer war alles angenehm. Es gab in der Tat Leben, an die er sich lieber nicht erinnert hätte. Vieles kam ihm sehr bekannt vor. Situationen oder Lebensentscheidungen aus seiner jetzigen Existenz begleiteten ihn offensichtlich schon seit vielen Generationen. Er sah viele Fehler, in vielen Leben. Aber auch Liebe. So viel Liebe. Jahrtausende durchdrungen von Liebe. Besonders beeindruckend war ein Erlebnis beim Einkaufen im Supermarkt. Er hatte gerade nach der Milch gegriffen, da stand er plötzlich auf einem Hügel und vor ihm lag der Regenwald. Das Gedudel des Supermarktes wich den wunderschönen, vielfältigen Geräuschen des Regenwaldes. Er hörte das Rufen von Vögeln, die bereits seit Jahrhunderten ausgestorben waren. Das Knurren von Großkatzen, von denen niemand mehr wusste, dass sie existiert haben. Und selbst die Bäume fügten sich ein in dieses Konzert des Lebens. Und er war ein Teil davon. Eingebunden in diese Pracht und Herrlichkeit. Und eine heilige Liebe zu allem Lebendigen durchfloss ihn.
Eine junge Frau holte ihn zurück in den Supermarkt, in dem sie neben ihm drängelte: «Dauert das noch lang? Ich muss mal an die Sahne ran.»
Da stand er nun, mit der Milch in der Hand, und Tränen liefen über sein Gesicht. Er war nicht verärgert. Ganz im Gegenteil. Da war nur Liebe. Am liebsten hätte er jeden Kunden und jeden Mitarbeiter in diesem Supermarkt umarmt. Wer weiß denn, wen man schon woher kannte?

Mit wem man bereits in einer Familie gelebt hatte? Wäre eine allgemeine Nächstenliebe nicht das logischste Verhalten? So fühlte er sich jedenfalls zu diesem Zeitpunkt.
Ab da sah er seine Mitmenschen mit ganz anderen Augen. Auch sie waren vielschichtig, mit ihrem ganz eigenen Weg.
Das Zuordnen von Gesichtern fiel ihm nun immer schwerer. Menschen kamen in einer Gestalt und gingen als jemand vollkommen anderer. Neue Situation brachten es mit sich, auch körperlich anders zu reagieren.
Man ging über eine Straße und stand plötzlich an den Ufern des Rio Grande. Wie erklärt man das einem wütend hupenden Autofahrer. Es wurde kompliziert.
Eines Abends saß er in seinem Sessel und hatte gerade den Hörer aufgelegt. Sein Sohn hatte mit ernster Stimme verkündet, dass er mehr Betreuung benötigen würde. Er war ein guter Junge. Da hatte er plötzlich die Frage in sich, welche von allen Existenzen wohl der Anfang war. Von wo er eigentlich gestartet war? Was war der Ursprung? War dieser Punkt erreichbar? Vorfreude machte sich in ihm breit. Im Augenwinkel sah er es mit einem Mal gelblich leuchten. Mit einem Lächeln dreht er den Kopf zur Seite. Der gelbe Mann saß auf seinem Sofa.
«Ist das möglich?» fragte Georg.
Der gelbe Mann nickte.
«Na dann.»
Georg schlug mit den Händen auf die Lehnen des Sessels. Langsam erhob sich der gelbe Mann und stellte sich vor Georg, der saß, und reichte ihm die Hände. Er griff zu und fühlte sich augenblicklich so entspannt, wie wenn man die perfekte Liegeposition

im Bett gefunden hat und alles einfach optimal ist. Der Winkel des Kopfkissens, der Härtegrad der Matratze und die Temperatur unter der Decke.
«Kommen wir wieder zurück?» fragte Georg säuselnd, während er in dieser tiefen Entspannung der Welt entglitt. Der gelbe Mann schüttelte den Kopf und beide lösten sich auf.
Zum Abendessen saß ein überglücklicher Rentner auf seinem neuen Sitzplatz und schaute auf den Rosengarten.

# Die Galerie

Konstantin saß an diesem Morgen ungewöhnlich früh an seinem Schreibtisch im Büro. Aber nicht der Tatendrang hatte ihn derart zeitig aus dem Bett getrieben, sondern die pure Eitelkeit. Die ersten Sonnenstrahlen fielen durch das Fenster und der aufsteigende Kaffeedampf entfachte ein sonderbares Lichtspiel in diesem Tanz der Wassertropfen. Seit einer geschlagenen halben Stunde hatte er ein derart hartnäckiges Grinsen im Gesicht einzementiert, dass es schon zu schmerzen begann. Aber was für ein süßer Schmerz. Zärtlich strich er über das Objekt seiner Begierde. Es war makellos. Kein Knick. Kein Staubkorn war auf der glänzenden Oberfläche zu erkennen oder zu erspüren. Und er hatte bereits jeden Quadratmillimeter der Oberfläche abgetastet. Nur wenigen in der Kunsthändlergemeinde war es vergönnt, das eigene Portrait zu bewundern. Ihm war es nun möglich. Sein Kopf prangte auf dem Titelblatt der neuesten Ausgabe des wohl wichtigsten Kunstmagazins des Landes. Eigentlich des ganzen deutschsprachigen Teiles von Europa. Sein Kopf. Fast lebensgroß. Eingebettet in einem Bilderrahmen. Er konnte sich nicht sattsehen. Aber noch viel mehr als über die eigene Begeisterung freute er sich über die unbändige Verzweiflung seiner viel älteren Kollegen. Das hatte noch niemand geschafft. Und dann kommt er. Noch keine 30 Jahre alt und findet eines der teuersten verschollenen Bilder der letzten 50 Jahre. Eine unglaubliche, aufdringliche und ungeheure Dreistigkeit! Herrlich!

Der Artikel in dem Magazin war absolut sekundär. Das Titelblatt war das Entscheidende. Konstantin genoss es in vollen Zügen. Dabei war es ein absoluter Zufall, dass er jenes Bild entdeckt hatte. Er hatte nicht einmal danach gesucht. Es war ihm einfach über den Weg gelaufen. Eine Kundin wollte eine Expertise über eine kleinere Bronzeplastik, die Teil einer Erbmasse war. Bei seinem Besuch stolperte er über ein paar Bilder, die ungeschützt in eine alte Apfelkiste gestopft waren. Alles belanglose, drittklassige Bilder bis auf eines: Die Madonna von Grete Nurm. Selbst unter dieser zentimeterdicken Schicht von Ruß und Staub strahlte das Bild eine enorme Kraft aus. Ihm war für einen Moment, als würde die Madonna flüstern: «Da bist du ja. Ich habe auf dich gewartet.» Er war wie hypnotisiert und elektrisiert. Er schlug in der Fachliteratur nach und teilte den erstaunten Besitzern mit, was sie dort in der Apfelkiste für einen Schatz hatten.
Er bekam den Auftrag, das Bild zu verkaufen, und gelangte so in den Fokus der Kunstszene. Der Rest ist Geschichte. Seine Provision erlaubte es ihm ein eigenes Büro anzumieten, und so musste er nicht mehr von zu Hause aus arbeiten. Sogar eine Sekretärin kam drei Mal die Woche. Und heute war so ein Tag. Frau Kamp betrat das Büro und brachte einen Stapel Post.
«Heute Morgen haben schon zwölf Menschen angerufen, die wollen, dass Sie ihre Erbschaften begutachten», sagte sie und legte die Post auf seinen Schreibtisch.
«Die sollen Fotos schicken», antwortete er und löste seinen Blick vom Titelblatt.

Dann nahm er die Post in die Hand, überflog die Briefköpfe und fragte: «Etwas Wichtiges dabei?»
Frau Kamp machte ihn darauf aufmerksam, dass der größte Umschlag von einem Anwalt kam.
Unweigerlich zuckte Konstantin zusammen. Ein Überbleibsel aus seinem alten Leben. Da bedeutete ein Brief von einem Anwalt nie etwas Gutes. In der Regel hatte es mit letzten Mahnungen und horrenden Geldforderungen zu tun. Aber das schien ihm mittlerweile wie eine schlechte Erinnerung an eine längst vergangene Zeit. Man konnte sich unglaublich schnell an Geld gewöhnen.
Mit spitzen Fingern zog er den großen braunen Umschlag aus dem Stapel. Der Name der Kanzlei sagte ihm nichts. Mit einer gekonnten Handbewegung öffnete er den Umschlag, und zum Vorschein kam ein Anschreiben und ein kleinerer weiterer Umschlag, der handbeschriftet war. Zuerst nahm er sich das lose Blatt vor.
Ein offizielles Anschreiben mit der Maschine geschrieben. Am Fuß des Blattes war mit einem Klebestreifen ein goldener Schlüssel befestigt. Seltsam.
Konstantin begann den Brief zu lesen. Die Kanzlei war beauftragt worden, sich an ihn zu wenden. Und als er den Namen des Auftraggebers las, wurde ihm gleichzeitig heiß und kalt. Kein Geringerer als Bernhard Piel hatte ihn ausfindig gemacht. Einer der bedeutendsten zeitgenössischen Maler des Landes. Erst vor einer Woche in Berlin verstorben.
Piel hatte seinen Fund in der Fachpresse verfolgt und ihn auserkoren, sich um sein künstlerisches Vermächtnis zu kümmern.
Konstantin konnte kaum noch atmen.

Einzelne Bilder des Künstlers hatten schon zu seinen Lebzeiten Spitzenpreise in Millionenhöhe erreicht. Jetzt, nach dem Ableben des Künstlers, stiegen die Preise sicher ins Unermessliche. Um wie viele Bilder ging es denn hier? Hunderte? Und was genau war mit „um das künstlerische Vermächtnis kümmern“ gemeint?
Der goldene Schlüssel war die Eintrittskarte in die eigene Galerie des Künstlers. Konstantin sollte sich dorthin begeben, wann auch immer seine Zeit es zuließ. Und beim Betrachten der Bilder solle er den beigefügten handschriftlichen Brief Piels lesen, der ihn über alles weitere unterrichten würde.
Erschöpft ließ er sich in seinem Bürostuhl nach hinten fallen. Passierte das gerade wirklich? Das würde ihm mit Sicherheit auch noch das nächste Titelblatt sichern. Er hätte den Olymp erreicht, noch bevor er richtig angefangen hatte. Sein Puls raste und er merkte, dass er am ganzen Körper zitterte. Gedankenverloren strich er mit dem rechten Zeigefinger über den goldenen Schüssel. Sein Blick fiel auf den kleinen beigefügten Brief. Er nahm ihn in die Hand und las: «Bitte erst beim Betrachten meiner Bilder lesen.»
«Was da wohl drinnen steht?» überlegte Konstantin und war versucht ihn einfach zu öffnen und nachzuschauen. Aber irgendetwas hielt ihn davon ab. Es kam ihm nicht richtig vor, und irgendwie wollte er das Glück, das ihm gerade widerfuhr, nicht gefährden. Er war normalerweise nicht sehr abergläubisch, aber man sollte das Schicksal nicht herausfordern.
Nachdem er sich wieder gefangen hatte, rief er bei der Kanzlei an, um einen Termin zur Besichtigung auszumachen. Doch das war gar nicht nötig.

Es stand ihm völlig frei, sich in der Galerie umzuschauen, wann immer er Lust dazu hatte. Nur nach der Besichtigung solle er sich melden und die weiteren Einzelheiten besprechen. Das in ihn gesetzte Vertrauen überraschte ihn. Er war Piel nie begegnet. Theoretisch konnte er in die Galerie gehen und sonst was anstellen. Vandalismus, oder er könnte sich ein Bild in den Kofferraum packen und auf Nimmerwiedersehen verschwinden. Er beschloss, nach getaner Arbeit, am Abend auf dem Nachhauseweg, einen Abstecher zur Galerie zu machen.
Der restliche Arbeitstag war erwartbar fade. Was sollte auch noch kommen? Der Tag begann mit einem mehrgängigen Luxusmenü und im weiteren Verlauf gab es nur noch staubtrockene Hundeleckerlis.
Und so saß er schließlich in seinem Auto, und das Navigationsgerät lotste ihn zur eingegebenen Adresse. Die Sonne war gerade dabei unterzugehen und tauchte die Stadt in ein seltsames Licht. Alles um einen herum bekam lange Schatten, die Vorboten der Nacht. Sie dehnten sich aus, verbanden sich zu einer schwarzen Decke, die sich einfach über alles legte. Und wie ängstliche Kinder hatten wir uns überall Nachtlichter geschaffen. Die Laterne, das Schaufenster, die Reklame und das Display des Smartphones.
«Ihr Ziel befindet sich in 20 Metern auf der linken Seite», quäkte die vertraute Stimme aus dem Navi. Konstantin schaltete das Auto aus, beugte sich vor und versuchte das Gebäude durch die Frontscheibe auszumachen. Dabei kniff er die Augen zusammen. Er zog den Schlüssel ab, stieg aus und verriegelte das

Auto, das zur Bestätigung zweimal mit den Augen blinzelte. Er ging ein paar Meter und schaute noch einmal auf den kleinen Zettel, auf dem er sich die Adresse notiert hatte. Er machte einen Lotto- und Totoladen aus, mit der obligatorischen Postannahmestelle, und einen Waschsalon. Diese beiden urdeutschen Geschäfte rahmten die gesuchte Adresse ein.
Ein Weinhändler und ein hochpreisiger Italiener wären Konstatin lieber gewesen.
Für das kunstinteressierte Publikum musste es entweder sehr teuer sein oder so ranzig, dass es schon wieder cool war. Alles war besser als alltäglich. Aber manche Bücher waren besser als ihr Einband, und er wusste ja, was ihn erwartete, dachte er jedenfalls. Langsam schritt er, wie ein Makler, der seinen neuen Auftrag begutachtete, auf das Gebäude zu. Ein Mann mit Schiebermütze kam aus dem Lottoladen und faltete seinen Losschein zusammen. Das war wohl gar nicht so einfach wie gedacht. Konstantin schien der Schein auch absurd groß zu sein. Was für eine Szene! Eingerahmt von dem leuchtenden Schaufenster des Ladens. Dieses Aufglimmen von Hoffnung in dem Kopf des Mannes. Die galoppierende Fantasie, was er alles mit dem möglichen Gewinn anstellen würde. Nachdem der Mann den Schein gebändigt hatte, merkte er, dass er beobachtet wurde. Er schaute Konstantin direkt in die Augen und rief: «Was guckst du denn so blöd? Willste´n Kuss, oder was?» Konstantin hob die linke Hand und entschuldigte sich. Der Mann ließ von ihm ab und murmelte im Gehen: «Nur noch Bekloppte unterwegs.»
Auf der anderen Seite füllte eine Mutter eine orangefarbene Waschmaschine mit Kleidung,

während ihr kleines Kind, vielleicht zwei Jahre alt, auf dem Boden saß und mit einem Plastikauto spielte. Beide waren in ihrer Tätigkeit komplett versunken. Die Mutter war in ihrer Welt und das Kind in seiner. Und doch teilten sie zusammen eine dritte Welt, beschienen von dem kalten Neonlicht des Waschsalons. Das Bild hatte etwas Hypnotisches. Als sich die Mutter nach dem Waschmittel umdrehte, nahm sie den fremden Beobachter wahr, verharrte einen Moment und rief dann nach ihrem Kind, das daraufhin seine Welt verließ, um in der dritten Welt seiner Mutter zu begegnen.
Schnell setzte sich Konstantin in Bewegung, bevor jemand auf die Idee kam, bei der Polizei einen Perversen zu melden. Er nahm den goldenen Schlüssel aus der Tasche, steckte ihn in das Schloss und öffnete die Tür. Wie von Geisterhand ging das Licht an. Bewegungsmelder. Eindeutig. Vor ihm lag ein langer Flur, an dessen Ende eine weitere Tür wartete. Die Wände waren weiß, kahl und nicht ein einziges Bild war zu sehen. Gespannt ging er weiter. Auf der hellen Holztür, am Ende des Flures, klebte ein kleiner Zettel mit der Aufschrift: «Im nächsten Raum bitte den Brief öffnen.» Er griff in seine Jacke und vergewisserte sich, dass der Brief noch da war, und öffnete dann langsam die Tür. Als er den dunklen Raum betrat und sich die Tür hinter ihm geschlossen hatte, ging ein Scheinwerfer an, der nur auf ihn schien.
Das Licht blendete, und er fühlte sich in dieser seltsamen, exponierten Stellung etwas unwohl. Was sollte er jetzt tun? Einfach weitergehen? Vorsichtig ging er ein paar Schritte in die Dunkelheit, aber kein weiterer Scheinwerfer erhellte die Finsternis.

Zügig ging er zurück ins Licht und griff in seine Jackentasche. Vorsichtig, fast andächtig öffnete er den Umschlag. Es waren handgeschriebene Seiten. Den Umschlag steckte er wieder in die Tasche und die Seiten des Briefes faltete er auseinander. Erleichtert erkannte er die ordentliche und lesbare Handschrift des Verfassers. Konstantins Großtante hatte ihm aus jedem Urlaub eine Karte geschickt, eine liebevolle Geste, aber die Texte auf der Rückseite waren unmöglich zu entziffern. Er wusste nie, ob sie einen traumhaften Urlaub hatte oder von Gangstern entführt worden war und nun panisch um Geld bettelte. Aber dieser Text war sauber und ordentlich zu Papier gebracht. Nach der allgemeinen, höflichen Anrede war folgender Text zu lesen:
«Sie haben die „Madonna" von Grete Nurm nicht zufällig gefunden. Genauer gesagt glaube ich, dass sie **Sie** gefunden hat. Vielleicht denken Sie jetzt, aus mir spricht die beginnende Demenz eines alten Mannes. Und vielleicht ist das auch nicht ganz verkehrt. Mir entfallen in der Tat jeden Tag ein paar Kleinigkeiten mehr. Aber glauben Sie mir, wenn ich Ihnen sage, dass ich etwas von Bildern verstehe. Und sie sind viel mehr als etwas Farbe auf einer Leinwand. Es sind atmende Augenblicke eines Lebens, das nicht mehr ist. Eine strahlende Mischung aus Gegenwart, Vergangenheit, Zukunft und ein Stück Ewigkeit.
Wir Maler dehnen uns aus. Wie Eichhörnchen vergraben wir Samen, die hinausgehen in alle Welt, dort vergessen werden, und wenn die Zeit reif ist, wachsen sie zu etwas Großem und Wunderschönen. Und für Sie und dieses Bild war die Zeit gekommen.»
Konstantin setzte seinen Blick einen Moment von dem Brief ab. Um was ging es hier eigentlich?

Und wo waren die Bilder?
Er hatte ja gehört, dass Piel in seiner Art eigen war, aber das hier war doch sehr speziell. Gespannt, wohin das Ganze noch führen würde, las er weiter:
«Ich bin mir sicher, dass sich das alles etwas merkwürdig für Sie anhört, aber ich möchte Ihnen zeigen, was ich meine. Rufen Sie laut in den Raum hinein: Licht! Keine Sorge, das hat nichts mit Zauberei zu tun, sondern mit Technik. Als Sie den goldenen Schlüssel ins Schloss gesteckt haben, startete ein Programm, das meine Ausführungen unterstreicht und das ich eigens programmieren ließ. Recht kostspielig, aber das war es mir wert.»
Konstantin räusperte sich, wie er es immer tat, wenn er etwas laut und deutlich zu verkünden hatte. Allerdings stockte er einen Moment. Sollte er wirklich „Licht" in die Dunkelheit rufen? Und wenn er stattdessen „Döner" rufen würde, käme dann ein kleines Auto mit einem Tablett auf dem Dach angefahren, auf dem der leckerste Döner der Welt lag? Das wäre doch was. Eine Wünsche-erfüllende-Dunkelheit. Er entschied sich dann doch für „Licht". Und im selben Moment leuchtete für einen Bruchteil einer Sekunde der gesamte Raum auf. Und der war nicht viereckig, sondern rund und ähnlich einem Schneckenhaus gestaltet. Immer kleiner werdende Kreise liefen auf einen Mittelpunkt zu. Aber das Ganze war nur sehr kurz erleuchtet. Dann wurde es wieder dunkel, und nach ein paar Sekunden wurde der erste Teil des Weges sichtbar. Rechts und links hingen etwa zehn Gemälde. Wobei das so nicht ganz stimmte. Das erste Bild war eindeutig eine Kinderzeichnung. Das Papier war eher gräulich und fast durchsichtig. Es erinnerte an Butterbrotpapier.

Auf dem Papier war mit rotem Stift ein Tier mit vier Beinen gezeichnet. So wie kleine Kinder zeichnen. Es konnte alles sein. Was sollte das? Konstantin suchte im Brief eine Erklärung:
«Sie sehen die erste Zeichnung meines Lebens. Unseren Hund Max. Ich weiß, für Sie sieht es wahrscheinlich nicht einmal aus wie ein Hund, aber für mich ist er ganz gut getroffen. Er war ein sehr anhänglicher, liebevoller Freund. Meiner Mutter habe ich es zu verdanken, dass es dieses Bild noch gibt. Dieser Hund war meine erste Begegnung mit dem Tod. Als ich fast fünf Jahre alt war, ist er gestorben. Da war er schon sehr alt für einen Hund. Dieser erste Verlust hat sich tief bei mir eingebrannt. Mir wurde in meiner kindlichen Naivität bewusst, dass alles, was ich kannte und liebte, mit einem Mal vergehen konnte. Wie wichtig war jeder einzelne Tag, den man zusammen haben darf? Und wie schön die Erinnerungen. Diese inneren Bilder voller Glück und Liebe. Natürlich bleiben einem Kind diese Erkenntnisse nicht lange bewusst im Gedächtnis, aber in mir blieb der Wunsch, möglichst viel Gutes zu bewahren. In mir und dann später auf der Leinwand. Sie haben vielleicht nie einen Hund oder ein anderes Haustier gehabt, aber auch für Sie gab es sicher einen ersten Kontakt mit der Vergänglichkeit des Lebens.»
Konstantin hielt inne und dachte sofort an Phillip. Einen Jungen aus der Nachbarschaft. Sie waren nicht wirklich befreundet, trafen sich aber mehrfach die Woche mit den anderen Kindern aus der Siedlung zum Spielen. Eines Tages unterhielten sich seine Eltern beim Abendessen darüber, dass Phillip auf dem Nachhauseweg angefahren wurde und im Krankenhaus verstorben sei. Das versetzte ihm einen

ungeheuren Schlag, und sofort erschienen vor seinem inneren Auge unzählige Erinnerungen. Gemeinsame Fußballturniere. Auf-der-Wiese-Liegen im Freibad. Und Pommes mit Ketchup und Majo, die sich fünf Jungs teilen. Er bekam den ganzen Abend keinen Bissen mehr herunter. Manche Erfahrungen verbanden einen, auch wenn die Umstände komplett unterschiedlich waren.
Konstantin betrachtete die weiteren Bilder. Sie waren gut, keine Frage, aber sie hatten noch nicht das, was Piels Bilder der letzten Jahre ausmachte. Es waren weitere Erinnerungen. Ein weiterer Teil erschien aus der Dunkelheit. Man war dem Kindesalter entwachsen.
Das konnte man eindeutig sehen. Einige Akte stachen besonders hervor. In der Intensität ganz unterschiedlich. Eines sehr ruhig und zärtlich. Eine feine, exakte Pinselführung. Wenig Farbe, dafür ein fantastisches Spiel mit Licht und Schatten. Das Bild strahlte Faszination und Bewunderung aus. Wie der heimliche Blick auf etwas, das einen magisch anzog und das man so genau wie möglich festhalten möchte. Ein anderes mit einem schnellen Pinselstrich, fast skizzenhaft. Voller Farbe, Dynamik und Leidenschaft. Das pure Begehren.
Ihm fielen plötzlich die gezeichneten Abbildungen der menschlichen Anatomie in seinem Biologiebuch ein. Der erste Kontakt mit dem weiblichen Körper. Es dauerte noch ein paar Jahre, bis er das dort Gesehene aus der Nähe betrachten konnte. Wunderbare Zeit. Die Farben der Kindheit bekamen langsam Form.
Verwundert blieb Konstantin vor einem leeren Rahmen stehen. War das ein Versehen? Oder sogar

Diebstahl? Hektisch suchte er im Brief nach einer Erklärung, die er auch fand:
«Vielleicht lösen die schönen Körper auch bei Ihnen Erinnerungen aus an die schöne Zeit des Entdeckens, des Bewunderns und Begehrens. Aber wie es ist im Leben, wird nicht jedes Begehren gestillt oder hält so lange, wie man es sich erträumt hat. Enttäuschungen und Verletzungen sind unvermeidbar. So hoch wie einen die Liebe fliegen lässt, kann sie einen auch fallen lassen. Und ich weiß nicht, ob ich dem typischen Klischee eines Künstlers entspreche, aber ich bin immer tief gefallen in meinem Leben. Ich habe die Lebensstufen in beide Richtungen voll ausgekostet. In der Rückschau betrachtet hat mir dieses Spannungsfeld meine Kunst erst ermöglicht. Und gerade in den tiefen Leidensphasen meines Lebens war mir das Malen ein wunderbares Ventil. Und ich habe im Laufe der Jahrzehnte unzählige Leinwände mit Leid und Schmerz quasi besprüht und durchdrungen.
Und so heilsam es für mich auch war, umso gefährlicher finde ich es heute für mein Publikum. Ein Bild strahlt. Es scheint. Es leuchtet. Es erfüllt seinen Betrachter. Es erfüllt einen ganzen Raum. Was möchte ich in diese Welt abgeben? Es geht mir dabei nicht um ein bestimmtes Motiv. Und auch nicht darum, dass immer alles Friede, Freude, Eierkuchen sein muss. Aber ich möchte keinen Dreck über die Menschen ausschütten. Ich für mich nenne es „Seelenkotze". Ich weiß, kein besonders appetitlicher Begriff, aber er beschreibt es sehr gut. Man fühlt sich selber besser, wenn es draußen ist, aber es ist nichts für mein Publikum. Deshalb habe ich auf diese Bilder hier verzichtet. Aber da sie trotzdem wichtig für mein

Leben waren, habe ich stellvertretend einen Rahmen für sie aufgehängt.»
So hatte er das Ganze noch nie betrachtet. Gerade auf dem Kunstmarkt waren diese Bilder sehr beliebt. Sie galten als besonders intensiv und kraftvoll. Manifestiertes Leid war gefragt. Aber tat es einem wirklich gut, so etwas im Wohnzimmer hängen zu haben? Wie ein Teebeutel gab es sein Aroma in die Umgebung ab. Jahrzehntelang.
Im weiteren Verlauf der Ausstellung merkte Konstantin, dass es Piel nicht darum ging, sein Werk weich zu spülen. Ihm begegnete auch Zerrissenheit und Widersprüchlichkeit. Eben alles, was ein ganzes Leben ausmacht. Und zum Ende hin fand er komischerweise zurück zu den kindlichen Anfängen. Die Formen begannen sich langsam wieder aufzulösen. Piel wurde wieder flächiger und bunter. Aber in einer gereiften und bewussteren Art.
So stand er vor dem letzten Bild der Ausstellung. Das Zentrum. Zuvor war er zusammen mit dem Maler durch dessen und gleichzeitig sein eigenes Leben gegangen. Viele vergessene oder auch verdrängte Erinnerungen waren wieder aufgetaucht. So mancher Aha-Moment war ihm begegnet. Oft dachte er: «Stimmt, das habe ich ja auch schon erlebt. Eigentlich hatte ich diese oder jene Lehre daraus gezogen und bin in den folgenden Jahren doch immer wieder darauf reingefallen. Warum eigentlich? Warum vergisst man so viel? Auch so viel Gutes?»
Lange schaute Konstantin auf das nun letzte Bild. Es war ein Selbstportrait des Künstlers. Aber kein genaues, eckiges oder kantiges, wie man es von anderen Künstlern kannte. Es war fein. Sehr fein. So fein, dass es fast nicht zu erkennen war.

Aus einem gekonnten Mix aus Farben schauten einen zwei Augen an, die von so etwas Ähnlichem, wie einem Gesicht umrahmt waren. Es war eindeutig ein Bild des Überganges. Ein Mann, der sein ganzes Leben mit Farbe gearbeitet hatte, war langsam, aber sicher selbst zu Farbe geworden.
Und die umliegenden Bilder waren Fleisch von seinem Fleisch. Geist von seinem Geist. Es entstand eine heilige Atmosphäre.
Überhaupt waren diese Bilder Erlebnisse, die ihren Erleber umgaben wie eine dichte Atmosphäre. In dem Moment erkannte Konstantin, was Kunst bedeutet. Und er schämte sich. Er schämte sich für seinen narzisstischen Egoismus. Er hatte sich über die Kunst erhoben. Er, der noch nicht einmal einen Baum zeichnen konnte, hatte sich über dieses Meisterwerk, die Madonna erhoben, die ein Teil war des Fleisches und des Geistes einer der größten Künstlerinnen überhaupt. Demütig schaute er auf die letzten Zeilen des Briefes:
«Ich hoffe, Sie verstehen langsam, was ich damit meinte, als ich sagte, dass das Bild Sie gefunden hat. Es hat Sie auserwählt, wo es sich vor anderen verborgen hatte. Es hat Sie zu mir geführt. Und ich wünsche, dass Sie diese Ausstellung für die Allgemeinheit erhalten.
Es steht Ihnen ein erhebliches Vermögen zur Verfügung, um diese Ausstellung viele Jahrzehnte am Leben zu halten und vielen Menschen die Möglichkeit zu geben, das zu erleben, was Sie erlebt haben. Für ein gutes Auskommen ist selbstverständlich gesorgt. Sie sind viel mehr als ein Kunsthändler, denn die Kunst spricht zu Ihnen. Verschaffen Sie ihr Gehör.“
Erwartungsvoll sahen ihn die zwei Augen aus diesem

Meer von Farben an. Und er wusste, dass er von nun an eine ganz andere Aufgabe zu erfüllen hatte. Und es war ihm, als würden sich die Augen schließen und in dem Farbenmeer verschwinden.

## Schließe die Augen

Mit offenen Augen gehst du durch die Welt.
Der Blick ist fest. Viel zu fest.
Das Licht deines Verstandes malt dir bunte Bilder in den Kopf.
Gemalt mit den Farben des Wollens.

Du schreitest durch die Galerie des Vergangenen.
Vorbei an den leeren Rahmen der Zukunft.
Sehnsuchtsvoll starrst du sie an, doch sie rufen nur:
„Wir können dir nicht geben, was du suchst!"

Tausende Augen sehen auf dich herab.
Voller Güte, Liebe und Mitgefühl.
Und doch bleiben sie seltsam leer.
Verhüllen oder haben es nie besessen.

Du schaust in die Welt.
Der Blick ist fest. Viel zu fest.
Wärme durchflutet dein Sein
Und Tränen beginnen sacht zu fließen.

Du schließt die Augen.
Und die Tränen waschen alle Farben ab.
Und es wird Nacht.
Dunkelheit umhüllt dich wohlig weich.

Und aus dem Nichts erscheint mit einem Mal
ein heller Klecks aus Licht gemacht
und malt in deinem Herzen.
Es enthüllt sich Stück für Stück.

Es fehlen Farben und auch Form.

Und doch siehst du es deutlich.
Die Dunkelheit hat offenbart,
was du so lang gesucht.

Schließe die Augen.
Es gibt viel zu sehen.

# Die Heilung

Die Hand meines Vaters hatte sich fest in meinem Unterarm vergraben, um Halt zu finden. Langsam, Schritt für Schritt, mühte er sich die kleinen Steinstufen nach oben. Jede Stufe wurde mit einem Seufzer bedacht. Für andere Besucher waren es nur ein paar Stufen ins Glück und ihr Aufstieg wurde mit Bier und Braten belohnt. Aber für meinen Vater war es ein Bergmassiv, das bezwungen werden musste. Und zur Belohnung warteten keine Köstlichkeiten, denn die Gaststätte hatte heute Ruhetag, sondern auf uns wartete die Hoffnung. Die Hoffnung auf Erlösung oder wenigstens Linderung.

Die Krankheit hatte meinen Vater in den letzten Monaten zusehends demontiert. Stück um Stück brach langsam der Mann auseinander, den ich lange Zeit für unbesiegbar gehalten hatte. Der Aufrechte und Unbeugsame war zu einem schwachen und zerbrechlichen Kind geworden. Und wie alle Kinder hatte er Angst im Dunkel seiner Existenz. Denn auch, wenn er es sich nicht anmerken lassen wollte, ließ ihn die Angst vor dem Sterben nicht mehr los. Sie hatte ihn wie ein bösartiger Schraubstock bewegungsunfähig eingezwängt zwischen „wenn" und „aber".

Und dann las er etwas von diesem Wundertäter in der Zeitung. Ein Mann, der durch die Lande zog, zu den Menschen sprach und wohl wahre Wunder vollbringen konnte. Als er mir den Artikel auf den Tisch gelegt hatte, hielt ich ihn für verrückt, einem solchen Quacksalber Geld in den Rachen zu werfen.

Ich wollte nichts davon hören, und einige Wochen vergingen, bis sein Kommen in unserer Stadt angekündigt wurde. Mein Vater hätte sich am liebsten sofort auf den Weg gemacht. Aber so mühten wir uns also drei Tage später die Treppen zu dem Gasthaus hinauf, in dem der Wundertäter auftreten sollte.
Als wir die Gaststube betraten, waren die meisten Holzstühle schon besetzt. Es herrschte eine erwartungsvolle Stille. Eine lächelnde Dame kam auf uns zu und begleitete uns zu zwei Stühlen der letzten Reihe, die noch frei waren. Wir sollten uns noch ein bisschen gedulden, der Vortrag würde bald losgehen. Ich war überrascht. Einen Vortrag hatte ich nicht erwartete. Eher so ein geschwollener Hokuspokus mit Kerzen, Nebel und Beschwörungsformeln. Mein Vater stöhnte.
«Alles in Ordnung?» fragte ich, «willst du lieber wieder gehen?»
Langsam schüttelte er den Kopf.
«Das wird mir guttun», hauchte er und schloss die Augen.
Am liebsten hätte ich ihn an den Schultern gepackt, geschüttelt und angeschrien, was er sich denn von so einem Schwachsinn erhoffte?
In dem Moment spürte ich eine Hand auf meiner Schulter und hörte die Worte: «Nana, nicht so grob.» Mein Kopf drehte sich zur Seite, und ich schaute in die Augen eines mir völlig unbekannten Mannes. Bevor ich etwas erwidern konnte, war er schon weiter gegangen und stellte sich vor die wartenden Menschen. Ich war immer noch irritiert und realisierte, dass das der Mann war, auf den wir warteten. Irgendwie fühlte ich mich ertappt.

Aber woher sollte er denn wissen, was ich in diesem Moment gedacht hatte. Das war völlig unmöglich. Und dann begann der Mann mit seinem Vortrag. Er sprach erstaunlich ruhig. Ich hätte viel mehr einen Marktschreier erwartet. Einen eifernden Mahner der bevorstehenden Apokalypse. Einen geschickten Jongleur mit altbekannten und vertrauten Floskeln. Aber nichts davon kam ihm über die Lippen. Es war, als würde man den Ausführungen eines Freundes lauschen. Unaufgeregt, zum Teil unbekannt, aber nicht aufdringlich. Irgendwie entspannte ich mich langsam. Die „Hab-acht-Stellung“ wandelte sich in ernsthaftes Interesse. Durch mein aufmerksames Zuhören fiel mir nicht auf, dass mein Vater eingeschlafen war.
Erst nach Ende des Vortrags blickte ich zur Seite und sah sein Kinn auf der Brust. Im ersten Moment erschrak ich, ihn so zu sehen. Aber dann sah ich das beruhigende Heben und Senken des Brustkorbes. Ich strich ihm leicht über den rechten Oberarm und er erwachte.
«Jetzt hast du alles verpasst», seufzte ich ihm entgegen. Er schaute mir in die Augen, in denen ein Feuer loderte, das ich seit Monaten nicht mehr gesehen hatte. Überrascht sah ich in sein seltsam waches Gesicht, mit Wangen, die mit einem leichten Rot überzogen waren.
Wieder kam der Mann neben uns zum Stehen, sah sich meinen Vater an und sprach:
«Alles wird gut.»
Dann verließ er die Gaststätte, und mein Vater strahlte über das ganze Gesicht. Wir saßen noch lange auf unseren Stühlen und ließen das Erlebte nachklingen. Niemandem war nach Reden zu Mute.

Ein zufriedenes Gefühl, wie nach einem traumhaften Weihnachtsessen, machte sich breit.
Dann griff mein Vater nach meiner Hand und sagte energisch: «Los geht´s.»
Und schon stand er. Beim Gehen musste er sich immer noch bei mir festhalten, aber ich hatte den Eindruck, als wären wir mindestens doppelt so schnell beim Rückweg als beim Hinweg.
Es war schon dunkel geworden, und der Himmel war übersät mit Sternen. Wir kamen beim Dorfteich vorbei, und mein Vater blieb stehen, hielt sich an einem Zaun fest, schloss die Augen und atmete tief ein.
«Riechst du das?» fragte er mich mit noch geschossenen Augen.
Auch ich nahm einen tiefen Zug durch die Nase. Ich war mir nicht sicher, was genau er meinte. Suchend bewegte ich meinen Kopf hin und her.
«Riechen habe ich gesagte», raunzte er mich an, «nicht gucken!»
Also schloss auch ich die Augen und atmete erneut ein. Und tatsächlich machte sich sonderbarer Duft breit.
«Was ist das?» fragte ich interessiert.
Er lächelte.
«Seerosen. Ist das nicht fantastisch. Das werde ich vermissen.»
Wie vom Donner gerührt stand ich da. Das war das erste Mal, dass er eine konkrete Andeutung über das Sterben machte. Die Angst hatte ein normales Gespräch darüber unmöglich gemacht. Und ehrlich gesagt war ich auch nicht besonders erpicht darauf, über das Sterben zu sprechen. Irgendwie hatte man Angst, es wahr werden zu lassen, wenn man darüber

sprach. So hatte man die Hoffnung, über das Schweigen Zeit zu schinden, aber in Wahrheit verlor man sie. Und jetzt dieser unvermittelte Satz. War der Zeitpunkt gekommen, darüber zu sprechen? War er jetzt soweit? Hier an diesem See, nach dieser merkwürdigen Erfahrung im Gasthaus?
«Es gibt so viele schöne Dinge im Leben. Aber wir Menschen lassen mit der Zeit Schönheit gewöhnlich werden. Das ist furchtbar! Mach das nicht mein Junge», sprach er in die Dunkelheit und setzte sich wieder Bewegung.
Ich glaube, das war das Ehrlichste und Tiefsinnigste, was mein Vater je zu mir gesagt hatte. Den Rest des Weges schwiegen wir wieder.
Zu Hause angekommen wollte er noch nicht gleich ins Bett, sondern sich in seinen Lieblingssessel ans Feuer setzen. Ich setzte mich dazu, und wir schauten beide ins Feuer.
«Soll ich dir erzählen, wovon der Mann gesprochen hat, als du geschlafen hast?» unterbrach ich die Stille.
«Das ist nicht wichtig», antwortete er, «darum ist es nie gegangen.»
Ich verstand nicht ganz, worauf er hinauswollte. So fragte ich weiter: «Hast du denn das Gefühl, dass es besser geworden ist?»
Er lächelte.
«Viel besser.»
Auch ich begann zu lächeln. Denn ich sah einen freien Mann vor mir. Der Schraubstock hatte sich nicht nur gelöst, sondern er war verschwunden.
In dieser Nacht starb mein Vater. Und er ging als freier Mann. Ich weiß bis heute nicht, was mein Vater während des Schlafens erlebt hat, aber es hatte ihn befreit.

Und für ihn ist alles gut geworden, wie es der wundersame Mann prophezeit hatte. Auch wenn „gut“ nicht immer das bedeutet, was man sich selbst vorstellt, so ist es doch immer das Beste für einen.

## Die letzte Chance

Kaye hielt sich den Magen. Sie wusste nicht, ob es der enorme Druck war, der auf ihr lastete, oder der Wellengang. Sie mochte das Meer nicht. Die Vorstellung, unter ihr sei kilometertiefe, eiskalte Dunkelheit, bevölkert mit todbringenden Kreaturen, machte ihr Angst. Die Wellenbewegungen brachten ihren Magen komplett durcheinander. Und doch befand sie sich mitten auf dem Ozean, und die Augen der Welt waren auf sie gerichtet. Jedenfalls die, die noch übrig waren.

Ihr gegenüber saß der zuständige Beamte und hielt die Akte auf dem Schoß, in der alles stand, was die für wichtig hielten.

«Wollen Sie es noch einmal durchgehen?» fragte der Beamte und schlug die geschlossene Akte wieder auf.

Sie schüttelte den Kopf, denn das erneute Herunterbeten des Inhaltes würde nichts bringen. Ihr Kopf lief bereits über, und ihr Magen war kurz davor, es ihm gleichzutun.

Langsam schloss der Beamte die Akte wieder und beugte sich zu Kaye vor: «Seien Sie freundlich, offen und zugewandt. Bedrängen Sie ihn nicht und fallen Sie nicht gleich mit der Tür ins Haus. Langsam vorbereiten. Tun Sie alles, was er von Ihnen verlangt.» Eine bedeutungsschwangere Pause entstand, bevor er nachsetzte: «Sie sind doch bereit, alles zu tun?»

Kaye schloss die Augen und nickte abermals. Es gab Milliarden Gründe, alles zu tun. Aber vor ihrem inneren Auge erschien nur ein einziges Gesicht. Ein

Gesicht, das ihr mehr bedeutete als alles andere auf dieser Welt.
Sie spürte, dass das Schiff langsamer wurde. Ihre Fingerspitzen kribbelten. Der Beamte erhob sich und ging an ihr vorbei, auf die Treppe zu, die zum Deck führte.
«Kommen Sie, es geht weiter», sagte er, ohne sich umzudrehen. Stumm folgte sie ihm.
Das Schiff war vollkommen zum Stillstand gekommen, als sie auf dem Deck in die Sonne traten. Sie schaute auf das wogende Meer. Wie Atemzüge gingen die grün schimmernden Wellen über die Weite. Ein Heben und Senken. Neben ihrem Schiff schwamm ein viel kleineres Boot im Wasser. Ein wesentlich kleineres Boot. Es bot wirklich nur Platz für eine Person. Es sah eher aus wie eine Mischung zwischen einem Boot und einem Torpedo. Verwirrt drehte sich Kaye zum Beamten um.
«Ich soll in diese Nussschale? Wer steuert die überhaupt?»
«Eine künstliche Intelligenz. Sie wird Sie sicher auf seine Insel bringen. Steigen Sie bitte ein.»
Die Unsicherheit in ihrem Kopf schrie sie an, dass jetzt die letzte Möglichkeit war abzubrechen. Sich einfach zu weigern, umzukehren und den Dingen ihren Lauf zu lassen. Sie hielt inne.
Unruhig drängelte der Beamte, der sich an der Reling festhielt: «Steigen Sie jetzt bitte ein.»
Sollte **er** doch einsteigen und zu diesem Monster auf die Insel fahren. Und dann war es wieder da, dieses eine Gesicht, das es wert war. Wie in Zeitlupe setzte sie sich in Bewegung, die das kleine Boot zu registrieren schien. Eine Luke öffnete sich und gab das Innere preis. Kaye stieg ein, die Luke schloss sich

wieder und der Antrieb startete. Wie ein silberner Pfeil schossen sie über den Ozean.
Eine angenehme weibliche Stimme sagte: «Herzlich willkommen. Entspannen Sie sich. Unsere Reisezeit beträgt 45 Minuten. Wünschen Sie etwas Musik?»
Kaye schüttelte den Kopf.
«Wenn Sie etwas benötigen, zögern Sie nicht, mich danach zu fragen.»
Sie sank in den erstaunlich weichen Sitz und versuchte der Bitte nach Entspannung nachzukommen.
Im Laufe der Zeit fragte sie sich, welche der zahlreichen Sicherheitszonen sie schon passiert hatten. In der Akte war die Rede von sieben Zonen allein im Wasser vor der Insel.
Das Militär war nie weiter als Zone Drei gekommen. Unter ihr, auf dem Grund des Meeres, gab es einen riesigen Friedhof. Wracks von bemannten und unbemannten Schiffen, U-Booten, Drohnen oder Flugzeugen. Alle zerschellt an dem Willen und dem Schmerz eines einzelnen Mannes.
Ein kleiner, feiner Gong riss sie aus ihren Gedanken.
Die KI säuselte: «Führen Sie bitte ihre linke Hand in die Öffnung ein. Es folgt die erste von drei Blutuntersuchungen. Dabei werden Ihnen Nanobots injiziert, die jegliche technischen Veränderungen Ihres Organismus lahmlegen werden. Haben Sie irgendwelche technischen Erweiterungen? Künstliches Auge, Herzschrittmacher, Insulinpumpe oder ähnliches?»
Kaye schüttelte den Kopf.
«Dann führen Sie bitte jetzt ihre linke Hand ein.»
Sie folgte der Anweisung und ihre Hand wurde fixiert.
Eine sonderbare Kälte breitete sich auf ihrer Haut

aus. Sie wurde mit irgendetwas besprüht. Langsam erhöhte sich ihr Puls.
«Atmen Sie ruhig», klang es aus den versteckten Lautsprechern. Sie versuchte dieser Aufforderung nachzukommen, was nicht so einfach war, denn sie hatte das Gefühl, als hätte man sie aufgefordert, ihre Hand in das Maul eines Löwen zu stecken und dann verlangt Ruhe zu bewahren. Es gelang ihr nur mäßig. Mit einem mechanischen Klick löste sich die Fixierung, sie zog ruckartig die Hand zurück, presste sie an die Brust und strich mit der rechten Hand darüber. Langsam verschwand das fremde Gefühl und die Hand wurde wieder Teil ihres Körpers.
«Die Analyse läuft, und in 15 Minuten erreichen wir die Schleuse der ersten Kuppel.»
Nach dieser Information machte sich erneut eine Welle der Aufregung auf den Weg durch ihren Körper. Aber sie fokussierte sich auf den Gedanken, dann endlich wieder festen Boden unter den Füßen zu haben.
Und dann wurde ihr Torpedoboot immer langsamer und kam zum Stehen. Ob er sie schon an der ersten Schleuse in Empfang nehmen würde? Tausend Gedanken schossen ihr durch den Kopf, als sich die Luke öffnete und sie einen silbernen Metallsteg neben sich entdeckte.
«Bitte steigen Sie aus und folgen Sie den weiter Anweisungen», verabschiedete sich die KI von ihr. Langsam stand sie auf und stieg auf den glänzenden Steg. Die Luke des Bootes schloss sich wie von Geisterhand, und dann versank es lautlos im Wasser. Der Steg führte weiter zu einem weißen Tor, das in einer gigantischen, meterdicken Panzerglaskuppel eingelassen war. Kaye war überwältigt von der

schieren Größe dieses Gebildes. Als hätte jemand eine riesige Glasschüssel über diese Insel gestülpt.
«Herzlich Willkommen», säuselte erneut eine Computerstimme, «bitte begeben Sie sich vor das Tor.»
Kaye setzte sich unsicher in Bewegung und fühlte sich wie Dorothy im Lande Oz auf der Yellowbrick Road. Nur ohne die liebevollen Wesen, die ihr zujubelten und Glück wünschten.
Kurz vor dem Tor blieb sie stehen und merkte, wie sie ein Laser abtastete. Danach öffnete sich das weiße Tor fast geräuschlos, sodass sie hindurchgehen konnte.
So lautlos, wie es sich geöffnet hatte, schloss es sich auch wieder. Eine gläserne Treppe führte nach oben. Einen anderen Weg gab es nicht. Also begann sie vorsichtig emporzusteigen.
Am oberen Ende der Treppe öffnete sich eine Tür und gab den Blick auf ein geräumiges Zimmer frei, das an eine großzügige Garderobe erinnerte. Alles war in einem warmen Holzton gehalten. Der Raum war angenehm geheizt. An einer kurzen Garderobenstange hing ein Overall in einem hellen rot, dazu ein BH und ein Slip in schlichtem weiß. Am Boden stand jeweils ein Paar weißer Schuhe und Socken.
Sollte sie das jetzt anziehen? Es sah so aus. Würde er ihr dabei zusehen? Sie wusste nicht genau, wie sie sich jetzt verhalten sollte. Plötzlich fuhr eine Glaskabine aus der Decke herunter und stand, wie eine Duschkabine, mitten im Raum.
«Bitte entkleiden Sie sich vollständig und betreten Sie dann die Kabine. Es wird eine äußerliche Desinfektion stattfinden. Machen Sie sich bitte keine

Sorgen, dieser Vorgang ist für Sie vollkommen schmerzfrei. Auch möchte ich Ihnen versichern, dass Sie dabei kein menschliches Auge beobachten wird.»
Irgendwie beruhigte sie diese Aussage nicht wirklich. Er konnte ja vieles behaupten. Wahrscheinlich saß er schon voller Vorfreude vor irgendeinem Bildschirm und seine Augen brannten, weil er es vermied zu blinzeln, um ja nichts zu verpassen. Aber war das wirklich schon ihre Grenze? Bei allem, was auf dem Spiel stand? Ein perverser, alter Sack, der sie beim Duschen beobachtete? Sie merkte, wie sich Trotz in ihr formierte. «Dann soll er halt glotzen», dachte sie und begann sich auszuziehen. Dabei versuchte sie so selbstbewusst auszusehen, wie sie nur konnte. Splitterfasernackt stand sie nun in der Dusche und suchte nach einer Art Armatur. Eine vierte Wand glitt nach unten und verschloss somit den gläsernen Kasten. Ein Pfeifgeräusch war zu hören. Sie schaute nach oben, aber konnte nichts entdecken. Mit einem Mal fühlte sie ein seltsames Gefühl an ihren Füßen und, als sie nach unten sah, erblickte sie die Düsen, die aus dem Boden gekommen waren und die Dusche von unten langsam mit einer Art Nebel füllten. Panik machte sich in ihr breit. Gas. Instinktiv ging sie ein paar Schritte zurück, aber wo sollte sie hin? Es war überall. Der Nebel ging ihr schon bis zu den Knien. Sie schlug mit der Faust gegen das Glas und schrie:
«Stopp! Ich will das nicht!»
Nichts und niemand reagierte. Der Nebel stand jetzt schon bis zum Bauchnabel. Sie versuchte irgendeine Veränderung ihres Unterköpers zu registrieren, aber sie fühlte nichts. Keine Kälte oder besondere Wärme. Kein Kribbeln. Nichts. Vielleicht war alles wirklich nur halb so schlimm? Der Nebel hatte nun ihre

Brüste umschlossen. Vorsichtig schnüffelte sie mit der Nase, um den typischen beißenden Gasgeruch wahrzunehmen. Aber da war gar nichts. Nur das leise Zischen der Düsen. Und dann war sie komplett umhüllt. Kurz zuvor hatte sie noch einen tiefen Atemzug genommen und versuchte nun die Luft anzuhalten. Durch den dichten Nebel konnte sie nicht mal mehr die Scheiben erkennen. Durch die Aufregung schlug ihr Herz immer schneller, was zur Folge hatte, dass der Sauerstoff schneller verbraucht wurde und der Körper nach Nachschub schrie. Ihre Lunge begann zu brennen und der Atemreflex setzte ein, ohne dass sie etwas dagegen tun konnte. Und zu ihrem Erstaunen hatte sie überhaupt keine Probleme zu atmen. Langsam ging der Herzschlag wieder runter.

Nach ungefähr fünf Atemzügen hörte sie ein saugendes Geräusch, und in Windeseile wurde der Nebel in den Boden abgesogen und die ganze Kabine verschwand wieder in der Decke des Raumes.

«Bitte legen Sie die bereitgestellte Kleidung an und begeben Sie sich zur nächsten Tür.»

«Welche Tür?» dachte Kaye und sah sich suchend um. Mit einem Klick fuhr eine Tür aus der vorher noch ebenen Wand. Zügig zog sie die erstaunlich bequemen Klamotten an, die man ihr hingelegt hatte. Dann stand sie vor der noch verschlossenen Tür. Rechts daneben öffnete sich eine kleine Öffnung, die sie schon aus dem Torpedoboot kannte.

«Bitte führen sie Ihre rechte Hand für eine erneute Blutprobe ein.»

Augenblicklich hatte sie die Hand drinnen und wieder draußen. Man kannte langsam das Procedere. Die Tür öffnete sich und sie trat in eine wunderschöne Oase,

die an einen Regenwald erinnerte. Insekten summten um sie herum. Die Rufe von Papageien und anderen Tieren waren zu hören. Der Weg vor ihr führte durch einen Wald von zwei Meter hohen Farnen.
Der plötzliche Anstieg der Temperatur und der Luftfeuchtigkeit trieb ihr die Schweißperlen auf die Stirn. Nach ein paar Metern hörte sie ein seltsames Summen. Erschrocken blieb sie stehen und sah sich um, woher das Geräusch kam. Sie konnte erst nur kleinere Fliegen und Käfer ausmachen, die unmöglich ein derart lautes Summen verursachen konnten. Und dann sah sie die Drohnen. Tellergroße Metallinsekten mit blinkenden roten Lichtern und Kameraaugen. Hunderte schwebten summend über diesen künstlichen Dschungel und behielten jeden Quadratzentimeter im Blick. Aus den hohen Farnen ragten Stangen empor, an deren Ende sich Aufladestationen befanden. Wie Nester empfingen sie die Drohnen, um ihnen einen Moment der Ruhe zu schenken und sie mit Energie für ihren weiteren Dienst zu versorgen.
Was für eine seltsame Symbiose von Natur und Technik.
Sie setzte sich wieder in Bewegung und folgte dem Weg, bis zu einer weiteren Schleuse.
Nach einer erneuten Blutentnahme öffnete sich das Tor in eine weitere Welt auf dem Weg zum Überleben. Diesmal war es viel eher die Vegetation, die man auf einer schwedischen Insel erwarten würde. Der Boden war felsiger und mit allerlei Sträuchern bedeckt. Die Temperatur fiel schlagartig um mindestens zehn Grad Celsius. Kaye zog den Reißverschluss ihres Overalls hoch bis zum Kinn.

Etwa dreißig Meter weiter standen einige Nadelbäume. Sie konnte nicht genau ausmachen, um was für Bäume es sich handelte, denn davon hatte sie wirklich keine Ahnung. Aber irgendetwas bei den Bäumen bewegte sich. Angestrengt versuchte sie ihren Blick zu fokussieren. Irgendetwas kam immer näher. Und auf einmal konnte sie es erkennen. So etwas Ähnliches wie ein Auto kam selbstständig, ohne menschlichen Fahrer, auf sie zu, blieb vor ihr stehen, öffnete die Tür und forderte sie auf, Platz zu nehmen. Sie folgte der Aufforderung und der kleine fahrbare Untersatz setzte sich wieder in Bewegung. Die frische und kühlere Luft tat gut. Kaye nahm ein paar tiefe Atemzüge. Sie war nie ein großer Freund von hohen Temperaturen und noch weniger von hoher Luftfeuchtigkeit. Dieses Klima entsprach ihr schon eher. Sie passierten einige Baumgruppen, und der Boden wurde weicher und ging in einen typischen Waldboden über. Man konnte den feuchten Humus, das Harz der Nadelbäume und das Salz des Meeres riechen. Der Geruch der Ruhe und des Friedens. Nach der letzten Kurve hatte der Wagen etwas beschleunigt. Die Wurzeln der umherstehenden Bäume hatten die Fahrbahn etwas holprig gemacht. Und dann tauchte plötzlich eine große Felsformation auf, und der Wagen hielt direkt darauf zu. Links und rechts standen Bäume. Es gab keine Möglichkeit auszuweichen, und der Wagen machte keine Anstalten langsamer zu werden. Kaye wurde flau im Magen. Sie setzte sich kerzengerade auf ihren Sitz und hob langsam die Knie zum Schutz bei einem möglichen Aufprall. Vielleicht war ja die Technik defekt. Jetzt hielt sie die Hände schützend vor das Gesicht. Die graue Wand aus Stein kam immer näher.

Als sie das Gefühl hatte, der Punkt für eine rechtzeitige Bremsung war überschritten, schrie sie aus vollem Herzen. In dem Moment hob sich der Fels wie eine Garagentür und gab eine beleuchtete Straße in den Untergrund frei. Ihr Körper entspannte wieder und der Herzschlag normalisierte sich. Ihr entwich ein halblautes: «Verdammte Scheiße!»
Der graue Betonboden wand sich wie das Innere einer Schnecke in Spiralform in den Untergrund. Die neongelben Sicherheitsstreifen an den Wänden wanden sich wie eine grelle Goldader mit in den Abgrund. Die Fahrt wollte kein Ende nehmen. Plötzlich schoss ihr eine von diesen typischen Fahrstuhlmusiken in den Kopf. Melodien, die, so simpel sie auch daherkamen, furchtbare Ohrwurmbestien waren und einen sofort zum Wippen brachten. Unwillkürlich grinste sie über das ganze Gesicht. Die ganze Situation schien ihr so irreal. Wie ein Fiebertraum auf dem Sofa, der einen genauso ängstigt wie amüsiert.
«Noch eine weitere Umdrehung und ich verglühe im Erdkern», schoss es ihr durch den Kopf.
Und tatsächlich gab die nächste Kurve den Blick auf einen Parkplatz frei, auf dem der Wagen hielt und sich kommentarlos die Tür öffnete. Kaye stieg aus und die Tür eines Aufzugs öffnete sich. Sie stieg ein, und als die Tür sich geschlossen hatte, setzte sich der Aufzug in Bewegung. Sie versuchte auszumachen, ob sie auf- oder abwärts fuhr, aber sie spürte nichts. Und mittlerweile war es ihr auch egal. Sie wollte nur endlich irgendwo ankommen. Sie hatte genug von Türen, Untersuchungen und diversen Fahrzeugen. Sie fühlte sich wie etwas, das verdaut wurde. Mit diesen

Gedanken stand sie in dem Fahrstuhl und wippte zu ihrer imaginären Fahrstuhlmusik.
Als sich die Fahrstuhltüren öffneten, gaben sie den Blick auf einen prunkvollen Raum frei, den man eher in einem englischen Gentlemen Club erwartet hätte. Kein Hightech. Keine Science-Fiction. Sondern altmodische Spleenigkeit. Es gab sehr viel dunkles Holz, rote Vorhänge, Bücher und Bilder. Überrascht trat Kaye aus dem Fahrstuhl. Erst jetzt nahm sie den Butler im Frack wahr, der auf sie zu warten schien.
«Herzlich Willkommen», begrüßte er sie und seine Stimme klang, wie das Boot und das Auto und alles andere, was mit ihr gesprochen hatte.
Sie schaute ihm ins Gesicht und sah, dass sich unter seiner Haut etwas zu bewegen schien. Wie Bienen, die sich unter einer hautfarbenen Decke tummelten. War das ein Androide?
Kaye merkte, dass sie ihn anstarrte und löste ihren angestrengten Blick mit einem Lächeln auf.
«Bitte folgen Sie mir», forderte sie der Butler auf, «der Professor erwartet Sie schon.»
Beide setzten sich in Bewegung und schritten über teure Teppiche und Fischgrätparkett in einen besonders großen und prachtvollen Raum. Eine gigantische Glaskuppel ließ Tageslicht und den blauen Himmel in diese Festung. Ein beeindruckendes Schauspiel. Der zweite Blickfang war ein überdimensionales gemaltes Portrait an der Wand, welches von einem kostbaren Rahmen umschlossen war. Kaye zuckte beim Anblick der gezeigten Dame zusammen.
«Sie sind ihr wie aus dem Gesicht geschnitten, nicht wahr?»

Sie drehte ihren Kopf in Richtung der Stimme und erblickte den Professor. Endlich. Da stand er vor ihr.
«Selbst nachdem ich Sie sich habe umziehen lassen und das Duschwasser ihre Frisur und das Makeup weggespült hat, ist sie immer noch da: diese frappierende Ähnlichkeit», fuhr er fort.
«Wir sind aber nicht verwandt», entgegnete Kaye fast entschuldigend.
Der Professor schmunzelte.
«Ich weiß. Das habe ich zuerst geklärt. Wollen wir?»
Dabei zeigte er auf eine Sitzgruppe und setzte sich in Bewegung, ohne ihre Reaktion abzuwarten. Sie folgte.
«Möchten Sie etwas trinken?»
Sie schüttelte den Kopf, denn dieser musste jetzt unbedingt klar bleiben. Was auf dem Spiel stand, war einfach alles. In ihrem Verstand schoss alles durcheinander. Sie war wahnsinnig aufgeregt. Krampfhaft versuchte sie sich an ihr Training zu erinnern. Wie sollte sie jetzt noch anfangen?
Der Professor schaute auf seine Uhr und hob die Augenbrauen.
«Vielleicht sollten Sie doch lieber etwas trinken. Zur Beruhigung vielleicht? Ihr Puls geht gerade durch die Decke.»
Ihr war es unangenehm, dass er direkten Zugang zu ihren Vitalwerten hatte.
«Ich bin nur etwas nervös», antwortete sie so charmant, wie es ihr möglich war.
Er atmete tief ein und aus, erhob sich und sagte:
«Dann will ich Sie mal erlösen. Ich weiß, warum Sie hier sind, und meine Antwort lautet Nein. Es tut mir leid, dass Sie die Reise ganz umsonst gemacht haben. Und ich weiß gar nicht, warum ich dieses Spiel überhaupt mitgespielt habe.

Aber Sie müssen jetzt gehen.»
«Nein!»
Ein Vakuum entstand nach diesem Ausbruch. Alles schien plötzlich still zu stehen. Die Zeit, ihre Atmung und ihre Gedanken. Wie ein magisches Wort, das die Zeit anhält. Ungläubig und unfassbar langsam drehte der Professor seinen Kopf zu ihr, und seine Augen formten völlige Überraschung und Ungläubigkeit. Dann löste sich der Zauber, und der Professor fragte: «Wie bitte?»
«Das geht nicht. Ich meine, ich kann nicht einfach gehen.»
Sie zitterte am ganzen Körper.
«Natürlich können Sie das», entgegnete er, «einfach einen Fuß vor den anderen setzen.»
Sie wurde wütend. War das alles nur ein Spaß für ihn? Rührte ihn das Schicksal der Menschheit überhaupt nicht?
«Es sterben Hunderttausende. Jeden Tag.»
Er sah sie sehr lange an und antwortete: «Ich weiß.»
Damit drehte er sich um und verließ den Raum. Wie vom Donner gerührt stand sie da, und die ganze Wut und Fassungslosigkeit trieb ihr die Tränen in die Augen. Was sollte sie jetzt tun? Tausend Möglichkeiten flogen ihr um die Ohren und bildeten den Befehl: ihm nach.
Ihre Schockstarre löste sich und sie setzte sich in Bewegung. Doch kam sie nicht weit. Aus dem Fußboden, quasi aus dem Nichts, erhob sich eine schwarze wimmelnde Masse, die sich zu etwas Menschlichem formte, und der Butler stand wieder vor ihr.
Er fasste sie fest an ihrem Arm und sagte trocken: «Der Ausgang ist auf der anderen Seite.»

Sie versuchte sich zu befreien, aber es gelang ihr nicht. Zu fest hatte dieses Ding sie gepackt.
«Schon gut. Ich habe es verstanden», zischte sie scharf, und der Griff löste sich.
Sie ging ein paar Schritte in Richtung Fahrstuhl und hielt dann inne. Mit der größtmöglichen Bestimmtheit drehte sie sich um und schrie in den Raum: «Sie könnten sie retten. Alle könnten Sie retten. Wir wissen, dass Sie ein Heilmittel haben. Aber Sie lassen einfach alle sterben. Haben sich hier Ihre Festung der Einsamkeit gebaut und schauen zu, wie alles den Bach runter geht. Sie hören sich wahrscheinlich den ganzen Tag irgendein Geigengeschrabbel an und trinken dazu sauteueren Rotwein. Wissen Sie, was ich höre? Ich höre das Weinen und das Röcheln meines Sohnes, der um sein Leben kämpft. Und keiner kann ihm helfen, nur Sie. Aber Ihnen ist das egal. Sie tun so, als hätten Sie mit all dem nichts zu tun. Und wahrscheinlich haben Sie damit sogar recht. Sie müssen alles Menschliche abgelegt haben, wenn Ihnen das Ende der Menschheit am Arsch vorbei geht. Gott sei Dank ist Ihre Frau tot. Sie würde sich für Sie schämen.»
Die letzten Worte hallten nach und wichen einer erwartungsvollen Stille. Plötzliches Klatschen war zu hören. Der Professor war zurück.
«Bravo. War das Ihre einstudierte Rede? Mich bei der Gutherzigkeit meiner Frau packen? Soll ich Ihnen was verraten? Meine Frau hasste die Menschen. Sie war eine Waise, die jemand vor einem Supermarkt abgelegt hatte. Und die lieben Schwestern der Barmherzigkeit, die sich ihrer annahmen, haben sie jahrelang drangsaliert. Ihr erster Freund, der sie aus dem Heim befreite, war ein drogensüchtiger Schläger, der ihr über drei Jahre lang jeden Knochen im Leib

gebrochen hatte. Ich habe mir über Jahre ihr Vertrauen erarbeiten müssen, und auf dem Höhepunkt unserer Liebe wird sie von zwei besoffenen Jugendlichen totgefahren. Und die kommen auch noch auf Bewährung frei. Meine Frau hätte dieses Virus gefeiert. An der Menschheit ist nichts, aber auch gar nichts, was rettenswert wäre. Ich tue diesem Planeten einen Gefallen. Tja, das stand wohl nicht in Ihrer Akte.»

Damit hatte er recht. Das waren viele neue und erschreckende Informationen.

«Das wusste ich wirklich nicht», kam es ihr fast flüsternd über die Lippen.

«Das spielt auch keine Rolle. Es gibt niemanden in dieser Welt, der es wert wäre, gerettet zu werden.»

Kaye ballte ihre Fäuste.

«Wie können Sie so etwas sagen? Kennen Sie jeden Menschen? Kennen Sie meinen Sohn? Hat er es nicht verdient zu leben?»

«Wozu?» schleuderte ihr der Professor vor die Füße.

«Weil er es vielleicht besser macht», warf sie zurück.

Ein ironisches Grinsen umspielte seine Lippen.

«Und gegen Ihren grundguten Sohn stehen Hunderttausende, die diesen Planeten zu dem schlimmsten Ort im Universum machen. Oder glauben Sie, die Monster, die meine Frau ermordet haben, waren keine kleinen, süßen Babys? Lagen nicht in ihren samtweichen, mit Elefanten bedruckten Strampelanzügen? Sie lachten auch aus vollem Hals, wenn der Vater lustige Geräusche machte. Streichelten kleine Hunde und widerspenstige Katzen. Es waren ganz prachtvolle kleine Kinder, mit einer Zukunft aus Gold. Aber dann beginnen sie sich

zusammenzurotten und in sich gegenseitig das Schlechte und Böse zu befeuern.
Vielleicht startete jeder gut und mit den besten Absichten, das weiß ich nicht, aber irgendwann öffnet sich ein Raum, für die einen früher, für die anderen später, der sie alle in Monster verwandelt.»
Kaye spürte, dass sie nichts tun oder sagen konnte, um den Professor umzustimmen. Er hatte seine Entscheidung schon vor sehr langer Zeit getroffen. Aber am meisten schmerzte sie, dass sie ganz tief in sich spürte, dass er nicht komplett unrecht hatte und ihr langsam die Argumente ausgingen. Jeder moralische Einwurf würde sich sofort als billiger Rettungsring in einer hoffnungslosen See entpuppen. Das war es also. Sie begann zu weinen.
Nickend schaute der Professor zum Portrait seiner Frau.
«Sie nehmen das alles viel zu persönlich. Sehen Sie es doch einfach ein. Es ist vorbei. Endlich hat all das ein Ende. Die Natur hat die Möglichkeit durchzuatmen und sich zu erholen. Es ist Platz für etwas Neues. Hoffentlich etwas Besseres.»
«Warum leben Sie noch?»
Kaye wusste nicht, aus welchem Teil ihres Unterbewusstseins diese Frage kam, aber plötzlich war sie da.
Verwundert hielt ihr Gegenüber inne.
«Wie bitte?»
«Das verstehe ich nicht. Wenn man mir das Liebste genommen hätte, gäbe es nichts mehr auf der Welt, was mich hier halten würde. Was hat Sie hier gehalten?»
Sie sah, wie die grauen Zellen des Professors zu rattern begannen, und legte nach: «Statt sich zu

verabschieden, bauen Sie sich hier diese Festung. Sie erfinden und bauen unfassbare technische Geräte und was weiß ich. Sie erschaffen eine unglaubliche Welt. Inklusive einer Heilung für die ganze Menschheit. Hier gibt es klare Luft, sauberes Wasser und keine Krankheiten mehr. Alles hier schreit: Hoffnung. Hoffnung und Glauben an die Möglichkeiten einer Existenz. Sie haben sich Ihr persönliches Paradies geschaffen und unter diese Glaskuppel gesteckt. Aber alles, was nicht wächst, verrottet. Und jetzt laufen Sie hier durch Ihren persönlichen Komposthaufen, voller Selbstgerechtigkeit, Hass und Bitternis. Und da gibt es keinen Raum, der Sie in ein Monster verwandelt hat, Sie haben das entschieden. Sie sind ein Monster, weil Sie es wollen. Sie sind Ihr eigener Beweis und Widerspruch zugleich.»

«Sie sind hartnäckig. Das muss man Ihnen lassen. Sie glauben also, es gibt genug Potenzial, um es besser zu machen?»

Ein erstes Flackern durchbrach die Hoffnungslosigkeit.

«Ja», rief sie, ohne zu zögern.

Der Professor ging einige Schritte auf sie zu. Er sah ihr ernst in die Augen.

«Und Sie sind der Meinung, das Gute in den Menschen zu erkennen?»

«Ja.»

«Und sind Sie dazu bereit, die Verantwortung zu übernehmen?»

Kaye schluckte. Was hatte das zu bedeuten?

«Würden Sie dann helfen?» fragte sie vorsichtig.

Er wiederholte seine Frage.

«Sind Sie dazu bereit, die Verantwortung zu übernehmen.»

Sie wusste, das war ihre einzige und letzte Chance.
«Ja», rief sie ihm entgegen.
Es entstand eine unerträgliche Pause.
«Gut», nahm er das Gespräch wieder auf, «wissen Sie was Nanobots sind?»
Noch immer verunsichert stotterte sie: «Ich…bin nicht sicher.»
«Dachte ich mir. Ich will Sie auch nicht lange mit Details langweilen. Sehen Sie meinen Freund hier?»
Er zeigte auf den Butler.
«Er besteht aus Myriaden dieser Nanobots. Winzig kleine Helferlein die mittlerweile funktionieren wie ein großer Organismus. Meine Erfindung bedient sich in Ihrem Körper an organischer Materie, um Hybriden zu bauen. Das heißt, ich bin in der Lage, nicht nur organische Schäden zu reparieren, sondern sie zu verhindern, bevor sie überhaupt entstehen. Und das Wundermittel, das Sie erhofft haben zu bekommen, rauscht bereits in Form meiner kleinen Freunde durch Ihren Blutkreislauf. Darauf programmiert, durch den körperlichen Kontakt mit Ihnen auf andere Menschen „überzuspringen", wenn Sie so wollen. Ich wiederhole, nur durch den Kontakt mit Ihnen. Niemand, der die Bots in sich trägt, wird in der Lage sein, sie weiterzugeben. Dieses Privileg obliegt nur Ihnen. Wen Sie berühren, wird geheilt werden. Es liegt an Ihnen."
Kaye stockte der Atem.
«Ich kann sie alle retten?»
Der Professor lächelte und fragte: «Wollen Sie denn ALLE retten?»
Sie zerriss es innerlich. Auf der einen Seite war ihr Kind in Sicherheit. Es würde überleben, wenn der Professor denn die Wahrheit sprach. Auf der anderen

Seite lag die Entscheidung über Tod und Leben plötzlich buchstäblich in ihren Händen.
«Viel Glück!»
Mit diesen Worten drehte er sich um und verschwand.
Der Butler brachte sie durch lange Gänge zurück zu ihrem silbernen Boot. Ihre Beine fühlten sich an, als würden tonnenschwere Gewichte daran hängen. Stumm stieg sie ein und die Luke schloss sich. Das Boot setzte sich in Bewegung. In ihren Gedanken griffen Tausende von Händen nach ihr, und es erschienen Gesichter von Menschen, die sie liebte, und noch mehr von denen, die sie hasste. Sie hatte die Menschheit gerettet. Warum fühlte es sich dann nicht so an?

# Die Gleichzeitigkeit der Dinge

Langsam ließ sie sich in ihren Sessel fallen. Das Knie machte ihr heute ganz besonders viele Probleme. Ein tiefer Seufzer entfuhr ihr, als sie zum Sitzen kam. Sie musste lächeln, wie jedes Mal, wenn ihr bewusst wurde, dass sie bei allen möglichen Tätigkeiten Geräusche machte. Beim Aufstehen, beim Hinsetzen, beim Heben und beim Absetzen. Sie befand sich eindeutig im Alter der Geräusche. Doch ihr Lächeln verschwand, als sie bemerkte, dass sie ihre frisch eingeschenkte Teetasse in der Küche hatte stehen lassen. Jetzt begann das Abwägen. Wieder aufstehen oder später kalten Tee trinken? Sie entschied sich dafür wieder aufzustehen. Unter lautem Stöhnen erhob sie sich aus ihrer flauschigen Insel und humpelte in die Küche.

Auf dem Rückweg zum Sessel, fiel ihr Blick auf das Hochzeitsfoto von ihr und ihrem verstorbenen Mann. Und da war sie wieder. Zum Greifen nahe waberte sie durch das Wohnzimmer. Wie eine von den Gedanken aufgewirbelte Staubschicht, die sich langsam und bleiern über alles legte. Die Einsamkeit.

Zweiundvierzig Jahre, zwei Monate und acht Tage war sie mit diesem Mann zusammen gewesen. Hatte mit ihm geliebt, gelacht, gestritten und in diesem Mehrfamilienhaus gewohnt. Jetzt war er weg. Schon über zwei Jahre war das jetzt her. Sie sollte einfach weitermachen, sagten die Leute. Er hätte es so gewollt.

Als wenn sie nicht am besten wüsste, was er gewollt hätte.

Er wollte sie nicht allein lassen, so viel war sicher. Man hatte ihr beide Beine amputiert und dann gesagt, sie solle doch dankbar für ihre Arme sein. Die Leute sagten manchmal die dümmsten Sachen in ihrer Hilflosigkeit.
Jetzt saß sie wieder in ihrer Oase aus grüner Kunstfaser und nahm einen Schluck Tee aus dem Weihnachtsmarktbecher des letzten Jahrhunderts. «Heute ist wieder einer von den schweren Tagen», dachte sie, pustete in den Becher und schaute hinaus auf den kahlen Baum vor ihrem Fenster, der seltsam passend zu ihrer Stimmung in den Herbsthimmel ragte.

Das Herz schlug ihm bis zum Hals. Er hatte wirklich alles bis ins kleinste Detail geplant: ihr absolutes Lieblingslied spielte, er trug ihren Lieblingspullover und hatte ihr Lieblingsaftershave benutzt. Die Kerzen zauberten ein magisches Licht in den Raum, und die Rosenblätter waren zugegebenermaßen etwas zu viel des Guten. Aber da kniete er nun vor ihr mit dem Ring in der Schachtel und hatte gerade die Frage aller Fragen gestellt. Die Sekunden vor ihrer Antwort zogen sich wie unendliche Stunden. Sie hatte vor Überraschung und Gerührtheit die Hände vor das Gesicht geschlagen, und er fürchtete, die erhoffte Antwort einfach nicht hören zu können. Aber da kam sie. Ein lautes, deutliches: Ja.
Eine Welle der Erleichterung, der Glückseligkeit und der Liebe durchströmte seinen Körper. Er sprang auf und beide lagen sich in den Armen. Sie küssten sich und schauten sich dann lange in die Augen, die überschäumten vor Glück.

«Heute ist der schönste Tag in meinem Leben», hauchte sie, ließ sich auf das Bett fallen und schaute aus dem Fenster auf den kahlen Baum, auf dessen Ast ein kleiner Vogel saß.
Langsam holte sie den Test aus der Packung. Der erste für heute. Drei weitere lagen noch ungeöffnet im Badezimmer. Routiniert öffnete sie die Plastikverpackung, die den eigentlichen Test umschloss. Die letzte Hormontherapie hatte sie ganz schön angestrengt. Auch wenn sie sich nichts sehnlicher als einen positiven Test wünschte, hatte sie sich vorgenommen, dieses Mal mit weniger Erwartung an die Sache zu gehen. Die letzten Male war sie voller Vorfreude gestartet und dann extrem tief gefallen. Also nicht zu viel freuen und erwarten. Sie nahm den Test heraus, zog die Kappe ab und setzte sich auf die Toilette. Schon den ganzen Morgen hatte sie Tee und Wasser getrunken, um nicht im wahrsten Sinne des Wortes auf dem Trockenen zu sitzen.
Die Extraliter taten ihre Wirkung, und der Test wurde wieder verschlossen und auf das kleine Schränkchen gelegt. Jetzt begann die schwerste Zeit. Das Warten. Die fünf Minuten zogen sich wie eine Ewigkeit. Sie versuchte sich mit einer Fernsehsendung abzulenken, was überhaupt nicht gelang. Die Musik und die Stimmen hallten dumpf im Hintergrund. Ihr war, als würde der Moderator eine gänzlich fremde Sprache sprechen. Kein Inhalt drang zu ihr vor. Der vorher gestellte Wecker ihres Handys signalisierte, dass die Zeit um war. Sie nahm all ihren noch vorhandenen Mut zusammen und ging langsam ins Badezimmer. Sie nahm den Test in die Hand und schaute auf das Sichtfenster. Ein Schwindelgefühl erfasste sie, und für

einen Moment drehte sich ihr Badezimmer wie ein Karussell. Um Halt zu finden, griff sie zur Seite und hielt sich am Waschbecken fest. Da waren zwei Striche. Da waren noch nie zwei Striche gewesen. Hatten sie es wirklich geschafft? Hektisch griff sie nach der Packung. Was bedeuten zwei Striche? Schwanger. Eindeutig schwanger. Sofort packte sie einen neuen Test und benutzte ihn. Dann noch einen. Und noch einen. Immer wieder das gleiche Bild. Zwei Striche. Und dann gab es kein Halten mehr. Sie weinte. Und alles Schwere wurde aus ihr herausgespült und mit purer Liebe aufgefüllt. Liebestrunken wankte sie ins Wohnzimmer und schaute aus dem Zimmer auf den kahlen Baum. Sie werden eine Schaukel an seine Äste hängen. Eine wunderschöne Schaukel, für ihr wunderschönes Kind. Kalter Schweiß lief ihm über die Stirn und ihm war übel. Seine Brust schmerzte, und es fühlte sich an, als würde etwas Schweres auf ihm sitzen. Die Straße vor ihm wurde immer verschwommener, und er versuchte das Auto in der Spur zu halten. Das Krankenhaus war nicht mehr weit. Innerlich schimpfte er mit sich selbst, dass er nicht einfach den Rettungswagen gerufen hatte, sondern so vermessen war, selbst in die Klinik zu fahren. Mit jedem Kilometer hatte sich sein Zustand verschlechtert. Es hatte keinen Zweck mehr, er musste unbedingt anhalten, bevor er noch jemanden verletzte. Mit letzter Kraft steuerte er den Wagen an den Bordstein. Da er kein Handy mithatte, stieg er aus, um Hilfe zu holen.

Aber nach ein paar Schritten brach er zusammen und fiel zu Boden. Er dachte, er schafft es noch bis zu

dem kahlen Baum, der an der Straße stand, aber das war ein Irrtum.
Jetzt vom Boden aus, schaute er schräg durch die kahlen Äste in den Herbsthimmel. Und er dachte an den schönen, großen Baum auf dem Friedhof in der Nähe des Familiengrabes. Eine Frau mit ihrem Hund entdeckte ihn und schrie laut. An den Fenstern des Mehrfamilienhauses erschienen eine alte Dame, ein glückliches Pärchen und eine über beide Ohren strahlende Frau. Er fragte sich, was für einen Tag die wohl hatten. Und wie schön der Baum im Frühling aussehen wird mit frischen grünen Blättern.
Der Vogel auf dem Ast schüttelte sich, breitete seine Flügel aus und erhob sich in die Luft. Unberührt vom Lärm der Welt folgte er seiner Natur.

# Die goldenen Fäden

## Hexe

Das Licht der Morgensonne schien durch die blassgrünen Fensterscheiben ins Zimmer. Von drinnen sah es aus, als wäre eine grüne Sonne aus den Wipfeln des Waldes emporgestiegen.
Aleidis saß auf einem Schemel und ließ sich von diesem seltsamen Grün umspielen.
Sie hatte die ganze Nacht nicht schlafen können. Heute war der Tag. Heute würde der Schulze sein Urteil fällen. Heute würde er über ihre Mutter richten.
Aleidis hatte furchtbare Angst. Und das seit dem Moment, als vor drei Tagen das halbe Dorf in ihr Haus eingefallen war. Wie ein Rudel Wölfe waren sie durch das kleine Haus gehetzt und hatten sie und ihre Mutter in einer Ecke des Zimmers gestellt. Alle fuchtelten mit Stöcken und Messern. Schrien durcheinander und hielten hölzerne und eiserne Kruzifixe vor sich. Und unendlich viele Münder formten wie ein gewaltiger, geifernder Mund das Wort: Hexe.
Und so schnell wie sie gekommen waren, waren sie auch wieder verschwunden und hatten ihre Mutter mit sich gerissen. Zurück blieb ein verstörtes, verängstigtes und sehr einsames kleines Mädchen.
Aleidis verstand nicht, was da passiert war. Bisher lebten sie sehr glücklich und zufrieden in dem kleinen Dorf am Waldrand. Ihre Mutter war eine sehr anerkannte Näherin und hatte immer gut zu tun.

Schon früh brachte sie auch Aleidis den Umgang mit der Nadel bei. Und sie war ein Naturtalent, sagte jedenfalls ihre Mutter.
Und wenn sie nicht in der Nähstube saßen, gingen sie gemeinsam in den Wald. Das liebte Aleidis ehrlich gesagt noch viel mehr als das Nähen. Stundenlang streiften sie durch die Natur. Wenn sie müde waren, machten sie eine Pause. Wenn sie durstig waren, löschten sie ihren Durst am Bach. Und wenn sie hungrig waren, gab ihnen der Wald mehr als genug. Aleidis Großmutter hatte ihr ganzes Wissen über die Natur an ihre Tochter weitergegeben und dann war sie an der Reihe. Sie lernte, welche Pilze und Beeren man essen konnte und welche besser nicht. Sie lernte, welche Pflanzen bei welcher Krankheit halfen. Aleidis lernte den Satz: Die Natur hat für jedes Problem eine Lösung. So beobachtete und lernte sie.
Viele Kundinnen ihrer Mutter wussten, dass sie auch Hilfe bei gesundheitlichen Problemen bekamen, wenn sie danach fragten. Eigentlich waren alle zufrieden. Das änderte sich, als ein neuer Pfarrer ins Dorf kam. Der alte war verstorben und so wurde ein Nachfolger geschickt. Aleidis bekam Magenschmerzen beim Anblick des neuen Hirten ihrer Gemeinde. Er sah gar nicht aus, wie sie sich einen Diener Gottes vorstellte. Sollte man da nicht einem Engel gleichen? Voller Güte, Verständnis und Barmherzigkeit? Davon war der neue Pfarrer sehr weit entfernt. Eigentlich sprach er immer nur von Sünde. In der Kirche und auch, wenn man ihn sonst im Dorf traf, sprach er immer nur von Sünde. Er konnte einem fast leidtun.
Aber nach einer kurzen Zeit zeigten seine Reden ihre Wirkung. Überall fanden die Dorfbewohner plötzlich Sünde. Selten bei sich selbst, dafür sehr häufig bei den

Nachbarn. Und als Ursprung der ganzen Sünde wurde der Teufel benannt. Und so war mit dem neuen Pfarrer der Teufel ins Dorf gekommen.
Für Aleidis war das alles sehr verwirrend. Sie verstand die Menschen nicht mehr. Eigentlich war doch alles wie immer. Und plötzlich war überall das Böse.
Eines Tages durfte sie nicht mehr mit ihrem Freund Boso spielen. Die Tante von Boso war zum Pfarrer gelaufen und hatte behauptet, er habe den „bösen Blick“. Aleidis verstand nicht, was das bedeuten sollte. Er sah doch aus wie immer.
Aber bei dem letzten Besuch bei seiner Tante hatte Boso das Schwein gehütet. Und am nächsten Tag wurde das arme Schwein krank und starb. Und das sollte nun an dem armen Boso und seinem „bösem Blick“ liegen.
Daraufhin wurde er zum Pfarrer gebracht und ward drei Tage nicht mehr gesehen. Und was nach drei Tagen aus dem Haus des Pfarrers kam, war nicht mehr Boso. Er sah aus, als sei jegliche Lebensenergie aus ihm herausgeflossen. Seine Haut war fahl und sein Blick trübe. Der Pfarrer verkündete, dass er den Jungen durch die Kraft Gottes geheilt habe und keine Gefahr mehr von ihm ausginge.
So fing das alles an. Und dann kam eine Kundin zu ihrer Mutter, die unter einem schrecklichen Ausschlag litt. Rote Pusteln bedeckten Arme, Oberköper und Hals. Die arme Frau war sehr verzweifelt. Aleidis Mutter versprach ihr zu helfen. Sie sollte am nächsten Morgen wiederkommen.
Und so gingen sie wieder gemeinsam in den Wald, um Hilfe zu finden. Aleidis fragte, ob ihre Mutter bereits wisse, welche Pflanzen sie gegen den Ausschlag brauche. Sie erfuhr, dass es nur ein Teil war, den sie

wusste. Den Rest würde ihr der Wald schon zeigen. Das verstand Aleidis nicht, aber genauso war es. Nachdem sie ein paar Pflanzen, Kräuter und Schlamm gesammelt hatten, kamen sie auf ihrem Rückweg, den sie seit Jahren schon gingen, an ein paar gelben Blüten vorbei. Die waren ihr noch nie aufgefallen. Ihre Mutter bückte sich, bedankte sich und schnitt fünf Blüten ab. Damit war das Sammeln beendet und sie gingen nach Hause.
Am nächsten Tag kam die Kundin mit dem Ausschlag und holte sich ihre Mischung zum Einreiben ab. Drei Tage später war der komplette Ausschlag verschwunden. Und das Unglück nahm seinen Lauf.

Drei Männer stehen auf einer grünen Wiese und weinen.

## Ratte

Neria saß am Tisch und aß mit einem großen Löffel ihre Hühnersuppe. Ihr Vater saß am Kopf der Tafel und machte ein paar Späße, wie es seine Art war. Er war einer der lustigsten Menschen, die Neria kannte. Er war nie traurig, wütend oder ungerecht. Er war immer fröhlich, gütig und witzig. Aber an diesem Abend war ihr nicht nach Lachen zu Mute. Nicht nach dem Vorfall auf der Straße. Jemand hatte einen Stein nach ihr geworfen. Und das war kein bösartiges Kind, sondern ein Erwachsener. Ein erwachsener Mann.
Neria kannte ihn nicht. Sie war ihm nie begegnet. Wieso hat ein fremder Mann einfach einen Stein nach

ihr geworfen? Keinen kleinen Kieselstein, sondern einen richtig großen. Der hätte sie schwer verletzen können, wenn ihre Mutter sie nicht weggezogen hätte. Sie waren schnell nach Hause gerannt und hatten die große Tür ihrer Wohnung hinter sich zugeschlagen. Sie waren beide außer Atem. Sie hatten den ganzen Weg kein einziges Wort gesprochen. So standen sie, nach Luft schnappend, im Flur und fingen beide an zu weinen. Es brach einfach so aus ihnen heraus. Neria fragte, was sie dem Mann denn angetan habe, dass er sie so verletzen wollte. Sie wurde mit den Worten beruhigt, dass er wohl betrunken gewesen war und nicht wusste, was er tat. Dann wurde sie auf ihr Zimmer geschickt und hörte dort, wie die Mutter mit ihrem Vater telefonierte. Immer wieder sah sie das hasserfüllte Gesicht des Mannes vor sich. Wie in Endlosschleife tauchte es vor ihr auf. Warum war der Mann nur so wütend? Und genauso gerne hätte sie die Frage beantwortet, warum niemand die Polizei gerufen hatte? Wäre es denn nicht die Aufgabe der Polizei gewesen, dem Mann zu sagen, dass man nicht einfach mit großen Steinen nach kleinen Mädchen wirft? Sie plante ihren Vater danach zu befragen.
Der kam an diesem Tag viel früher von der Arbeit nach Hause. Er nahm sie fest in den Arm und küsste sie. Dann verschwand er mit seiner Frau im Wohnzimmer, und die Tür wurde vor ihrer Nase geschlossen. Ein sehr lautes Gespräch begann, dessen Inhalt sie trotzdem nicht verstehen konnte.
Dann ging die Tür wieder auf, ihr Vater nahm sie Huckepack und sie gingen in ihr Zimmer.
Da saßen sie nun beide auf ihrem Bett, und das Gesicht des Vaters schaute ungewöhnlich ernst durch das Lächeln.

Er erzählte ihr von einem Urlaub bei ihrer Tante Miriam in der Schweiz. Er sei ganz erschöpft von der vielen Arbeit und habe dringend eine Auszeit nötig. Neria war nur so mäßig begeistert. Ihre Tante Miriam war nicht gerade ihre Lieblingstante.
Sie war sehr streng, und es gab tausend Regeln, an die sie sich halten musste. Aber ihr Vater ließ da nicht mit sich verhandeln. Also ab in die Schweiz.
Als Neria wieder aus ihrem Zimmer kam, standen schon zwei große Koffer im Flur. Ihr Vater musste wirklich überarbeitet sein. Der Vorfall mit dem Mann wurde nicht weiter erwähnt.
So saßen sie nun beim Abendessen, das der Vater vergeblich versuchte aufzuheitern.
Plötzlich klopfte es sehr laut an der Haustür. Allen fiel vor Schreck der Löffel in die Suppe. Beide Elternteile sahen sich mit großen Augen an. Es klopfte erneut. Aufmachen! Die Mutter sprang auf, packte Neria am Arm und zog sie in Richtung Kamin. Sie schob den kleinen Paravent zur Seite und stopfte sie in den erloschenen Kamin. Mit ungewöhnlicher Strenge befahl sie ihr, in dem Versteck zu bleiben, egal was auch passiert. Dann schob sie den Paravent wieder vor den Kamin. Neria hatte schreckliche Angst. Sie wusste nicht, was los war. Es war eng und stickig im Kamin. Ruß rieselte ihr aufs Haar. Sie hörte viele Stiefel auf dem Parkett, als der Vater die Tür geöffnet hatte. Männer schrien im Befehlston durch ihre Wohnung. Ihr Zuhause.
Ihr schlug das Herz bis zum Hals. Einer der Männer fragte nach ihrer Tochter. Ihr Vater antwortete, dass sie bei Verwandten sei. Er log. Neria hatte noch nie gehört, dass ihr Vater gelogen hatte. Die Stiefel gingen durch das Wohnzimmer und kamen immer

näher. Dann wurde der Paravent weggerissen und ihre Mutter schrie laut auf. Der Mann in schwarzer Uniform beugte sich zu Neria herunter und sagte: «Da ist ja die Ratte.»

Drei Männer stehen auf einer grünen Wiese und weinen.

## Die Anklage

Aleidis stand mit dem ganzen Dorf vor dem Haus des Schulzen. Ihre Mutter war an den Händen gefesselt und stand vor dem Schulzen und dem Pfarrer. Sie wäre gerne zu ihrer Mutter gelaufen und hätte sie umarmt, aber man ließ sie einfach nicht durch. Und so blieb ihr nichts weiter übrig, als das Geschehen durch die Beine der Erwachsenen zu beobachten.
Die scharfe Stimme des Pfarrers schnitt durch die aufgebrachte Menge. Alle verstummten augenblicklich. Er verkündete, dass man nach genauester Prüfung festgestellt habe, dass die Angeklagte mit dem Teufel im Bunde sei. Und der Teufel selbst habe ihr die Macht verliehen, die von ihm verursachten Leiden zu beherrschen und so verschwinden zu lassen. Unzählige Bewohner könnten bezeugen, von der Hexe, mit verzauberten Kräutern, geheilt worden zu sein. Die Heilung aber stehe nur Gott zu. Und diese sei nur durch demütiges Beten in der Kirche zu erlangen. Daher sei diese Frau als Hexe zu verurteilen, um weiteren Schaden vom Dorf abzuwenden. Ein zustimmender Applaus ging durch die Reihen. Aleidis war schockiert. Ihre Mutter

soll eine Hexe sein? Wie kann man nur auf solch eine Idee kommen? Jetzt begann der Schulze zu sprechen. Er erklärte den Fall für klar und verurteilte sie zum Tode. Das Urteil hallte wie ein Donnerschlag durch Aleidis Kopf. Sie stieß einen lauten Schrei aus und drückte sich mit fast unmenschlicher Kraft durch die umherstehende Menge.
Wutschnaubend stand sie da. Vor dem versammelten Dorf. Ihrer Mutter rannen die Tränen über die Wangen. Aleidis erkannte sofort mindestens zehn Menschen, denen ihre Mutter in größter Not geholfen hatte und schrie sie an. Aber niemand machte einen Schritt nach vorne. Niemand war bereit, Partei für ihre Mutter zu ergreifen.
Plötzlich wurde sie von hinten gepackt und weggezogen. Ihre Mutter wurde ebenfalls hinter das Haus geführt. Aleidis gelang es sich zu befreien und sie lief zu dem einzigen sicheren Ort, den sie kannte. Sie lief in den Wald.

Drei Männer stehen auf einer grünen Wiese und weinen.

## Der Transport

Die Männer in den schwarzen Uniformen führten Neria und ihre Eltern aus der Wohnung heraus. Im Gleichschritt gingen sie durch das Treppenhaus. Sie begegneten der Nachbarin aus der kleineren Wohnung im Erdgeschoss. Im Vorbeigehen sagte einer der Männer zu ihr, dass die Wohnung jetzt frei sei. Die Mutter drückte ihre Tochter ganz fest an sich. Dann verließen sie das Wohnhaus und kamen auf die

Straße. Eine ganze Traube von Menschen hatte sich gebildet. Neria erkannte Nachbarn, Freunde und ihren Mathematiklehrer in der Menge. Alle standen dabei und schauten zu, wie sie auf den Lastwagen geladen wurden. Jungs in braunen Uniformen und Armbinde begannen, Steine auf den Lastwagen zu werfen. Ruckelnd setzte sich der Wagen in Bewegung. Er brachte die Familie zu einer Baracke, die behelfsmäßig zu einem Gefängnis umfunktioniert geworden war. Dort wurden sie zu vielen anderen ihrer Gemeinde gebracht. Die Baracke brach aus allen Nähten. Die Neuankömmlinge wurden stumm in Empfang genommen. Neria wurde auf eine Pritsche gesetzt und fühlte sich in dieser Menschenmasse furchtbar allein.

Drei Männer stehen auf einer grünen Wiese und weinen.

## Der Spiegel

Völlig entkräftet sackte Aleidis am Ufer des Baches zusammen. Was soll sie tun? Wie kann sie ihre Mutter retten? Die Verzweiflung kroch ihr durch den Köper. Hilflosigkeit legte sich über sie. Hatte nicht die Natur für jedes Problem eine Lösung? Aber wo? Wie? Was war die Lösung? Aleidis wurde wütend. Sie schaute auf die spiegelnde Wasseroberfläche des Baches und rief:
«Wie kann Gott so etwas zulassen?»

Neria wusste schon gar nicht mehr, wie lange sie jetzt schon dort saß. Ihre Eltern unterhielten sich mit ein paar Erwachsenen in einer Ecke der Baracke. Sie stand auf und sah sich das erste Mal wirklich um. Sie war nicht das einzige Kind. Viele Kinder, unterschiedlichsten Alters, standen bei ihren Müttern. Sie entdeckte ein kleines Fenster und ging darauf zu. Auf ihrem Weg dorthin sagte eine alte Dame zu ihr, dass Gott sie erretten würde. Neria ging darauf gar nicht weiter ein. Beim Fenster angekommen merkte sie, dass es ganz beschlagen war, durch die vielen Menschen. Sie rieb mit ihrem Hemd das Fenster frei, schaute auf die spiegelnde Scheibe und rief:
«Wie kann Gott so etwas zulassen?»

Drei Männer stehen auf einer grünen Wiese und weinen.

## Entscheidungen

Aleidis hörte zuerst das Bellen der Hunde. Sie kannte das Geräusch. Es war das Geräusch der Jagd. Nur ging es dieses Mal nicht um ein Reh oder ein Wildschwein, sondern sie wusste sofort, dass es um sie ging. Augenblicklich war sie hellwach und alles in ihr schrie: Lauf!
Und sie gehorchte. Sie lief los. Ohne ein bestimmtes Ziel, setzte sie sich intuitiv in Bewegung. Dünne Äste peitschten ihr ins Gesicht. Dornen rissen Fetzen aus ihrer Kleidung. Sie schmeckte Blut auf ihren Lippen. Das Bellen der Hunde kam immer näher. Instinktiv

dreht sie sich im Laufen um, um zu schauen, wie viel Abstand noch bestand. Das war ein Fehler.
So übersah sie eine große Baumwurzel und stürzte. Aleidis überschlug sich ein paar Mal und beim Aufkommen hörte sie ein lautes Knacken, und ein schneidender Schmerz zuckte durch ihren ganzen Körper. Schmerzerfüllt kam sie zum Liegen. Alles drehte sich in ihrem Kopf. Sie versuchte sich aufzurichten, was ihr nur sehr mühsam gelang. Sitzend lehnte sie sich an einen hohen Baum. Sie schaute hoch in das wunderschöne grüne Meer der Blätter, das sich im Wind wellenartig auf und ab bewegte. Durchbrochen von dem Blau des Himmels. Diese Schönheit strahlte einen unglaublichen Frieden aus und Aleidis musste unwillkürlich lächeln. Es kam ihr vor, wie ein Gruß aus der Heimat.
Das Bellen, Knurren und Fletschen der Meute lenkten ihre Aufmerksamkeit auf das Hier und Jetzt. Die Hunde hatten sie mit ihren Blicken fixiert und begannen das sitzende Mädchen einzukreisen, so wie sie es von der Jagd gewohnt waren. Aleidis drückte sich mit aller Kraft gegen den Stamm des Baumes. Nun kamen die Herren der Meute aus dem Dickicht und ein gellender Pfiff durchschnitt die Luft. Augenblicklich beruhigten sich die Hunde und sie setzten sich hin. Drei Männer näherten sich Aleidis. Sie kannte sie alle. Ihre Frauen waren Kundinnen ihrer Mutter. Jetzt trugen sie schwere Knüppel in den Händen und Seile auf den Schultern. Langsam kamen sie näher. Sie sah Unsicherheit in ihren Augen. Dann nahm sie allen Mut zusammen und sprach sie an. Mit ihren Namen. Schlagartig blieben die drei Männer stehen. Aleidis sprach von den schönen gemeinsamen Jahren, der Hilfe, die ihre Mutter geleistet hatte, und

sie flehte. Sie flehte um ihr Leben. Sie sollten sie einfach verletzt, wie sie war, im Wald zurücklassen, und niemand müsse erfahren, dass sie nicht das getan hätten, wofür sie gekommen waren. Die Männer standen eine Ewigkeit stumm nebeneinander. Niemand wollte der Erste sein. Egal bei was. Dann öffnete einer der dreien den Mund und erinnerte die anderen an die Worte des Pfarrers: Gott sieht alles. Aleidis erkannte an den Augen der Männer, dass mit diesem Satz die Entscheidung gefallen war. Die drei Männer setzten sich in Bewegung, ihre Hände hatten die Knüppel fest umschlossen, und sie hob ihren Blick hinauf in das grüne, wogende Meer der Blätter. Wieder legte sich ein Lächeln auf ihre Lippen, und ein tiefer Frieden erfasste sie. Dann explodierte das Licht in ihrem Kopf.

Neria sah in die dunkle Nacht hinaus. Es war kalt geworden. Sehr kalt. Sie steckte ihre Hände in die Manteltaschen und rieb die Finger aneinander. Ihre Mutter kam zu ihr und zog sie in eine Ecke, in der sehr wenige Menschen standen. Es roch nach Urin. Neria zog ihren Schal vor das Gesicht. Ihre Mutter sah sich vorsichtig um und beugte sich dann zu ihr herunter. Ganz nah an ihr Ohr. Sie flüsterte von einem Loch in der Barackenwand. Groß genug für die Kinder. Alle zehn Minuten würde ein Kind losgeschickt, und als nächstes wäre sie an der Reihe. Sie solle zu Familie Bogner gehen und sich in die Schweiz schicken lassen. Für die Bezahlung steckte ihr die Mutter ein Taschentuch mit Schmuck in die Manteltasche. Neria schossen die Tränen in die Augen. Sie verlassen? Sie zurücklassen? Niemals.

Ihre Mutter fasste sie sehr fest am Arm und sah ihr sehr streng in die Augen. Sie duldete keine Widerrede. Jetzt kam ihr Vater dazu. Er lächelte sie schon von Weitem an und näherte sich mit ein paar ungelenken Steppschritten. Er stolperte und konnte sich gerade noch auf den Beinen halten. Die umherstehenden Kinder lachten laut auf.
Neria war nicht zum Lachen zu Mute. Ihr Vater nahm sie auf den Arm und drückte sie ganz fest. Es war so weit. Er trug sie an die Stelle, wo sich das Loch befand. Gut abgedeckt von einigen Erwachsenen. Der Vater flüsterte, sie kämen dann nach, und noch bevor Neria etwas antworten konnte, wurde sie durch das Loch geschoben, das sich sofort wieder mit ein paar Beinen schloss.
Sie hatte so viele Tränen in den Augen, dass sie kaum etwas sehen konnte. Der Weg zu Bogners Haus war weit. Bestimmt eine halbe Stunde Fußmarsch.
Sie lief im Schutz der Dunkelheit einfach los. Nach etwa zehn Minuten des Schleichens entlang an Hauswänden hörte sie Sirenen und Flutlicht wurde eingeschaltet.
Das aufgeregte Kläffen der Schäferhunde war zu hören. Neria mobilisierte die letzten Kräfte und erhöhte ihre Geschwindigkeit. Noch zwei Häuser und sie war schon im Park. Sie hörte ein Auto immer näherkommen. Sie lief so schnell sie konnte. Die Scheinwerfer des Autos erhellten die Straße, als sie links in den Park einbog. Sie hörte, wie der Wagen hielt und die Türen knallten.
Taschenlampen durchleuchteten die Bäume und Büsche und die Hunde bellten. Neria lief wie der Wind, übersah eine Baumwurzel und fiel zu Boden. Alles drehte sich, und der Boden war kalt und nass.

Sie kroch ein paar Meter weiter und lehnte sich an einen Baum. Sie atmete aufgeregt, legte den Kopf nach hinten und schaute durch die Äste des Baumes in den Nachthimmel, der übersät war mit unzähligen Sternen. Einen solchen Sternenhimmel hatte sie noch nie gesehen. Das ganze Universum schien zum Greifen nah. Ein tiefer Friede breitete sich augenblicklich in ihr aus.
Die Hunde hatten sie schnell entdeckt. Und auch die drei Männer in ihren schwarzen Uniformen ließen nicht lange auf sich warten. Neria erkannte den Mann in der Mitte. Es war der Onkel einer Klassenkameradin. Sie hatten ihn auf einem Geburtstag kennengelernt. Sie sprach ihn auf seine Nichte an. Alle drei stockten. Unsicherheit spiegelte sich in ihren Augen. Neria sah den Kampf in seinen Augen. Dann nahm der linke Mann das Gewehr von der Schulter und sagte: Befehl ist Befehl.
Neria legte wieder den Kopf in den Nacken und schaute in die Unendlichkeit des Sternenhimmels. Der Mond schien durch die Äste und dann explodierte das Licht in ihrem Kopf.

Drei Männer stehen auf einer grünen Wiese und weinen. Das goldene Licht am Himmel scheint auf ihre Taten und brennt heißer als tausend Sonnen. Der Nebel lichtet sich, und das Erkennen schmerzt mehr, als es jede Hölle zu tun vermag.
Das kleine Mädchen steht vor ihnen. Sie erkennen die Tochter der Näherin, erschlagen im Wald. Sie erkennen das kleine Mädchen aus dem Park. Immer wieder taucht er auf, dieser Moment der Entscheidung. Dieser eine Moment, in dem alles

möglich ist. In dem alles enthalten ist. Vertan. Wieder vertan. Die drei Männer auf der grünen Wiese sehen nicht nur, erkennen nicht nur, sondern fühlen. Fühlen alles. Und sie wissen in diesem Moment, es geht zurück. Ein drittes Mal. Sie werden wieder ein Leben haben. Sie werden aufwachsen, jeder auf seine Art. Sie werden sich wieder begegnen und einen Teil des Weges zusammen gehen. Bis zu diesem Tag der Entscheidung. Und die drei Männer schwören sich, dem Unrecht nicht nachzugeben. Mehr noch. Sie wollen Vergangenes wiedergutmachen. Sie wollen es besser machen. Tränen laufen dem Mädchen über das Gesicht.

Ihre nassen Augen mahnen die drei, ihren Schwur dieses Mal zu halten. Und mit diesem Auftrag entschwinden die drei auf ihre neue Reise.

# Leben

## Leben 21

Amiras Atem ging schnell. Das Sauerstoffgerät ihres Raumanzuges hatte viel zu tun, die Feuchtigkeit aus ihrem Helm zu filtern, damit das Sichtfenster nicht beschlug. Bewegungslos verharrte sie hinter den brennenden Wrackteilen ihres abgestürzten Raumgleiters. Aus dem Nichts war diese große weiße Wand in die Höhe geschossen, und ihr Gleiter war daran zerschellt. Die Struktur des Planeten glich einem großen, weißen und glatten Kristall, der sich permanent veränderte. Im Minutentakt erhoben sich vormals ebene Strukturen kilometerweit in den Himmel, oder weiße, glatte Felsmassive kippten und verwandelten sich in kerzengerade Täler. Das Notkraftfeld hatte sie und ihre Rettungskapsel vor der Pulverisierung bewahrt. Sicher war sie auf der Planetenoberfläche gelandet. Sofort hatte die Flotte auf den Absturz reagiert und Drohnen zur Begutachtung der Lage auf den Planeten geschossen. Die allsehenden Augen des Kommandos durchstreiften den verrauchten Luftraum der Absturzstelle und scannten die Umgebung. Das glühende Metall schütze Amira davor, wegen ihrer Körperwärme entdeckt zu werde. Das vibrierende Geräusch der Flugmodule entfernte sich. Ihr Atem begann sich langsam zu beruhigen und wieder tiefer zu werden. Man hatte sie nicht entdeckt. Noch nicht. Der Bildschirm an ihrem linken Unterarm signalisierte, dass Amira wieder allein war. Sie hatte

jetzt noch ungefähr dreißig Minuten, bis der Trupp kam, um aufzuräumen.
Sie griff in die rechte Tasche ihres Anzuges und holte das Geschenk heraus, das ihr dieses sonderbare Lebewesen, kurz vor seinem Tod, in die Hand gedrückt hatte. Als Telepath hatte es nichts gesagt, aber ihr alles gezeigt. Es wusste um ihren inneren Konflikt, der seit Jahren in ihr tobte. Und diese ganzen inneren Zustände sah es in dem Moment, als sie sich trafen und sein Schicksal damit besiegelt war. Nun hielt sie das Geschenk in ihren Händen. Diese seltsame Mischung aus einem Wachtelei und einem Kieselstein. Vorsichtig ließ sie das Gebilde in ihrer Handfläche hin und her rollen. Was sollte sie jetzt tun? Es auf den Boden werfen? Oder gab es einen geheimen Mechanismus, der es öffnete? Sie brauchte Hilfe. Sie brauchte einen Hinweis oder Wegweiser, wo sich das befand, was sie so dringend suchte. Ohne diese Hilfe wäre sie definitiv verloren auf dieser sich ständig verändernden Welt. Plötzlich hörte sie das Geräusch von splitterndem Glas, und etwa fünfzig Meter vor ihr schoss eine weiße Wand einige Kilometer weit in den Himmel. Erschrocken und beeindruckt von dieser gewaltigen Kraft und Präsenz, machte sie ein paar Schritte zurück. Sie war schon auf unzähligen Missionen und Welten. Eine faszinierender und beeindruckender als die andere, aber eine sich derart schnell verändernde Welt war ihr noch nicht untergekommen. Eindeutig der beste Ort, um etwas so Kostbares zu verstecken. Aber wo war es?
Und dann überlegte sie, wie ein Telepath kommunizieren würde. Sie schaute das runde Gebilde an und dachte: «Öffne dich.»

In dem Moment brach es auseinander und eine silberne Flüssigkeit floss auf ihre Handfläche. Auch die zerbrochene Schale verflüssigte sich, und dieser kleine silberne See auf der Hand schwappte hin und her.
«Was bist du denn?» hatte sie kaum zu Ende gedacht, da bildete sich eine kleine silberne Säule, und es sah so aus, als würde sie sie ansehen. Dann setzte sich die ganze Flüssigkeit in Bewegung und floss ihren Arm hinauf. Es sah aus, als würde sie eine Möglichkeit suchen, in Amiras Anzug zu kommen. Was war das für ein Zeug? Versuchte es zu helfen oder sie umzubringen?
Sie machte einen langen Hals und versuchte auszumachen, wo sich das silberne Zeug befand. Irgendwo an ihrem Helm, vermutete sie. Und sie hatte recht. Das Zeug wurde beim Ventil ihres Helmes fündig, nutze diesen Eingang, und sie merkte ein eisiges Gefühl am Hals, als würde kaltes Wasser daran herunterlaufen.
Diese Kälte wanderte dann den Hals wieder herauf zum Kopf. Ein kalter, silberner Vorhang schob sich vor ihre Augen, und das war auch das Letzte, was Amira sah. Danach wurde es schwarz. Sie war nach wie vor bei vollem Bewusstsein, aber sie war blind.
In der Dunkelheit hörte sie plötzlich den Befehl: Lauf! Und Amira begann zu laufen. Neben dem Schock spürte sie auch die Erleichterung darüber, dass sie nun Hilfe hatte und auf dem Weg war zu dem Ort, der ihr eine Möglichkeit bot wie sonst nichts in dem ihr bekannten Universum.

## Leben 18

Tim öffnete diese kleine pinkfarbene Verpackung und entnahm eine der roten Kugeln. Er liebte diese Dinger. Echte Erdbeeren hatte er das letzte Mal vor zwanzig Jahren gegessen. Da wuchs so etwas noch in dem Boden der Farmen. Überhaupt gab es da noch Farmen. Längst verblasste Erinnerungen. Jedenfalls liebte er den Geschmack von Erdbeeren, aber das war nichts gegen diese Geschmacksexplosion aus dem Labor. In wenigen Millisekunden war der ganze Mundraum erfüllt von süßsauren Wellen des Genusses. Ein nicht enden wollender Strom aus flüssigem Glück. Dazu dauerte es noch gut zehn Minuten, bis sich der komplette rote Ball im Mundraum aufgelöst hatte. Aber das Ganze hatte auch seinen Preis. Die sechs Kugeln versprachen eine Stunde Glückseligkeit für den, der es sich finanziell auch leisten konnte. Tim gehörte jetzt nicht zum reichen Teil der übrig gebliebenen Menschheit, aber das war es ihm heute wert. Es war ein Tag zum Feiern. Die ganze Welt hatte sich vor den Bildschirmen versammelt. Heute war der Start der ersten Raumfähre, die technisch in der Lage war, einen weit entfernten, erdähnlichen Planeten zu erreichen. Bahati. So wurde er genannt. Eine neue Hoffnung für Milliarden Menschen, denen langsam, aber sicher die Lebensgrundlage durch die Finger rann. Viele Sonden waren, wie weiße Tauben der Hoffnung, in das Dunkel des Alls geschossen worden. Auf der Suche nach der zweiten Chance. Ein Ort, um neu beginnen zu können. Es besser zu machen. Die ersten Bilder von Bahati waren überwältigend.

Fremdartig und doch seltsam vertraut.
Eine unglaubliche Welle der Zuversicht bahnte sich ihren Weg über die Bildschirme in aller Welt. Es gab wieder etwas, für das man kämpfen konnte. Etwas, das einen Sinn stiftete. Etwas, das noch nicht verloren schien. Die Menschen spendeten wie verrückt. Es wurden Billionen von Dollar benötigt, und die kamen auch in einer absoluten Rekordzeit zusammen. Konflikte wurden beendet und jegliche Kampfhandlungen eingestellt. Jeder Rüstungsétat auf der Welt wurde eingestampft und floss mit Hochdruck in die Forschung. Forschende aus aller Welt arbeiteten fieberhaft an der technischen Umsetzung einer Besiedelung des neuen Planeten. Achtzehn Monate später gab es dann den Durchbruch. Erneut jubelte die ganze Welt. Die Wissenschaftler wurden wie Popstars gefeiert. Alle konnten es kaum erwarten, dass es endlich losging. Der Start war allerdings alles andere als ermutigend. Die ersten Fähren waren unbemannt, und das war auch gut so. Ein Feuerball jagte den nächsten. Milliarden von Dollar verpufften jedes Mal am Sternenhimmel. Doch es wurde besser. Wir lernten, verbesserten und testeten. Und nach einigen erfolgreichen Tests, war es endlich so weit. Der erste Start mit Ausrüstung, Baustoffen und den ersten Siedlern. Und dieser Tag war es doch wohl wert, sich einen Erdbeerball zu gönnen.
Tim kuschelte sich auf sein Sofa und lauschte den Ausführungen der zugeschalteten Experten und Wissenschaftlern. Alle schnatterten aufgeregt durcheinander. Immer wieder wurden die Familien der ersten Siedler gezeigt, die weinend in die Kamera schluchzten, wie unglaublich stolz sie waren, und

jeder betonte immer wieder, was für ein großer Schritt für die Menschheit das sei. In kleinen Clips sah man den Menschen Feuer machen, ein Rad bauen, eine Dampfmaschine, einen Computer und die Bilder der ersten Mondlandung. Man kam sich vor, wie bei einer Liveaufzeichnung eines Science-Fiction-Films.
Tim malte sich in Gedanken aus, wie es wohl wäre auf dieser neuen Erde. Auf jeden Fall hätte man mehr Platz. Bahati war gut dreieinhalb Mal so groß wie die Erde. Unberührte Natur. Saubere Luft, Erde und Wasser. Vielleicht gab es bald wieder richtige Erdbeeren. Oder eine ganz neue Frucht, die alles bisher Dagewesene übertraf. Die Möglichkeiten waren unendlich.
Vielleicht gab es für ihn die Möglichkeit, etwas Land zu erwerben. Ein kleines Haus mit Garten, ein paar Tiere und freien Blick auf einen unglaublichen Sternenhimmel.
Gerade in dieser Fantasie lief einer der Werbespots für die Registrierung. Alle mit dem Status BLAU konnten sich nun für einen Flug registrieren.
«Die Glücklichen», dachte er, denn seine Farbe war BRAUN und er würde frühestens in 18 Monaten mit der Registrierung beginnen können. Langsam ging es in die heiße Phase des Starts. Ein Schauer ging durch Tims Körper, und er beruhigte sich mit einer weiteren Erdbeerkugel.

## Leben 21

Amira hatte jegliches Gefühl für Raum und Zeit verloren. Diese immense Kraft in ihrem Inneren führte sie über die Oberfläche des fremden Planeten.

Oder war sie bereits darüber hinaus? Wie lange war sie schon unterwegs? Jeder Schritt konnte ihr letzter sein. Ein Gefühl, das ihr am Anfang Angst machte, aber nun hatte sich ein seltsames Vertrauen eingestellt. Zum Teil gespeist aus der Erfahrung, dass sie ja immer noch unverletzt vorankam.
Dann plötzlich veränderte sich etwas. Ein Impuls traf ihren Körper. Wie eine leichte, unsichtbare Welle. Erst war es nur eine, dann kam eine zweite. Die Abstände wurden immer kürzer. Die Welle bekam den Takt eines Herzschlages. Die Stimme in ihrem Kopf rief: „Stopp!" Und sie gehorchte. Der silberne Vorhang vor ihren Augen lichtete sich, und sie fand sich in einer Höhle wieder. Weißer glatter Boden und Wände. Die silberne Flüssigkeit glitt aus ihrem Körper, aus ihrem Anzug und ihren Beinen hinunter. Auf dem Boden angekommen floss sie in die Mitte des Bodens und verschwand dort. War Amira am Ziel? Hatte sie tatsächlich das Heiligtum entdeckt? Was sollte sie nun tun? Hier gab es keinen Altar oder eine Statue. Wie setzte man dieses Ding in Gang? Der Raum war komplett leer, und ihr Wegweiser hatte sich auch verabschiedet. Sie beschloss, auf Erkundungsreise zu gehen, und machte einen Schritt. Beim Auftreten hörte sie das laute Lachen eines Kindes, und ein übergroßer Kinderkopf flog wie eine Projektion über die weißen Wände. Was war das? Sie kannte dieses Lachen und hatte es lange nicht gehört. Es war ihr Kinderlachen. Wieder machte sie einen Schritt. Diesmal war ein wütendes Grunzen zu hören, und ihr trotziges Teenagergesicht huschte über Wände und Boden. Jeder Schritt setzte einen anderen Moment ihres Lebens frei. Wie wilde Funken flogen sie Amira um die Ohren, als sie durch den Raum lief.

Wie ein Derwisch wirbelte sie durch Erinnerungen, bis sie fasziniert und schnaufend stehen blieb.
Jetzt war sie sicher, am richtigen Ort zu sein. Aber ihr ging es nicht um dieses Leben. Sie hatte ganz andere, wichtigere Pläne. Sie musste zurück. Zurück zu einem Leben, dass sie vergessen hatte. Sie musste dringend mit sich reden.
«Ich muss zurück», dachte sie laut, «bitte hilf mir.»
In dem Moment sprudelte die silberne Flüssigkeit aus dem Boden, viel mehr als das, was ihr den Weg gewiesen hatte, und bildete vor ihr eine kleine Säule. Aus dieser bildete sich so etwas wie ein Tentakel, der Kontakt zu ihrer Hand suchte. Vorsichtig zog sie den Handschuh ab, und ihr Zeigefinger und die Flüssigkeit verbanden sich. An den Wänden erschienen unzählige Gesichter von Männern, Frauen und Kindern. Helle Haut. Dunkle Haut. Unterschiedliche Nationalitäten und Jahrhunderte. Und Amira wusste in diesem Augenblick, dass sie sich ansah in der Vergangenheit und Zukunft. So viele Leben. So viel Liebe. So viele Fehler.
Suchend sah sie sich um. Wo sollte sie anfangen? Wo wäre der perfekte Zeitpunkt?
Die Gesichter wechselten in immer schnellerer werdender Reihenfolge. Ihr fiel es schwer, alles aufrecht zu erhalten. Dann erschien er vor ihren Augen, und sie wusste, jetzt oder nie. Und sie packte zu.

## Leben 18

Tim hockte auf einer weißen Fläche, die sich viel wärmer anfühlte, als man es vielleicht vermuten würde. Trotzdem zitterte er am ganzen Körper. Der Schock. Eindeutig der Schock.
Das war auch alles schwer zu glauben.
Gut, er hatte zwar schon davon gehört, dass es sowas geben sollte, aber eher als Gruselgeschichte oder in Fernsehsendungen, die erst nach 23 Uhr liefen und von zwielichtigen Moderatoren pseudowissenschaftlich vorgetragen wurden. Etwas, worüber man sich auf der Arbeit lustig machte: «Hast du das auch gestern auf Kanal 51 gesehen? War das nicht lächerlich? Mein Gott, diese armen Irren!»
Und jetzt passierte ihm genau das. Aus dem Nichts. Völlig ohne Ankündigung. Eben saß er noch, wie Milliarden andere Menschen zu diesem Zeitpunkt, vor dem Fernseher und war Zeuge eines historischen Momentes, der Start stand unmittelbar bevor, und dann geschah es. Dieses Licht. Plötzlich war das Wohnzimmer von Tim voll gleißendem Licht. Als würde er in die Scheinwerfer eines gigantischen Zuges sehen. Er schloss schützend die Augen, dann hatte er das Gefühl, er würde schweben, und als er die Augen wieder geöffnet hatte, hockte er auf diesem weißen Untergrund, der wie eine kleine Insel, von der Größe seines Wohnzimmers, im Dunkel zu schweben schien. Um ihm herum war nichts. Kein Stuhl, kein Tisch und kein anderer Mensch. Sein Herz schlug ihm bis zum Hals, und sein Verstand lief auf Hochtouren, versuchte das Ganze zu verarbeiten und eine Erklärung dafür zu finden. «Alien Entführung»,

schoss es ihm durch den Kopf. Hatte er das wirklich gerade gedacht? Was für ein hirnrissiger Gedanke. Wo sollen die denn so schnell herkommen? Und warum ausgerechnet er? Er war absoluter Durchschnitt. Er hatte keinen Einfluss auf irgendetwas, das jemand für wichtig erachten würde. Auch seine Freunde, Nachbarn und Kollegen absoluter Durchschnitt. Er war nicht mal zu Zeugungszwecken zu gebrauchen. Die Umweltgifte und die Strahlung hatten ihn zeugungsunfähig gemacht, wie ungefähr 80 Prozent der Männer. Was also sollte man von ihm wollen?
Langsam richtete er sich auf. Der Boden war fest und glatt, aber nicht rutschig. Er hielt die Arme seitwärts vom Körper ab, bereit sich jeden Moment abzustützen oder sich festzuhalten. Vielleicht kippte ja diese helle Scheibe, auf der er sich befand, wenn er sein Gewicht verlagerte. Vorsichtig, Zentimeter für Zentimeter, schob er einen Fuß vor und zog den anderen nach. Nichts passierte.
Er wurde etwas mutiger und ging auf den Punkt zu, an dem die Scheibe endete. Dabei schob er seine Hände vor sich her, wie jemand, der im Dunkel den Lichtschalter suchte.
Als er am Rand der Scheibe angekommen war, spürte er einen leichten Widerstand. Es war nichts zu sehen. Keine Glasscheibe, keine Wand oder Draht, und doch ging es irgendwie nicht weiter. Er versuchte den Druck zu erhöhen, ohne den Halt zu verlieren. Und je mehr er drückte, desto fester wurde der Widerstand. Eben noch hatte ihm die unbekannte Weite Angst gemacht, und jetzt wechselte das Gefühl zu einer unangenehmen Enge. Das musste irgendeine Art Kraftfeld sein. Er ging den Rand der hellen Fläche ab, und es bestätigte sich. Er war gefangen.

Eine Erinnerung schoss durch seinen Verstand. Er war sechs Jahre alt. Sein Vater nahm ihn in den Sommerferien mit an den See, und seine Mutter hatte ihnen gewürfelte Wassermelone in einem Einmachglas mitgegeben. Das schwamm, an einem kurzen Seil, im kühlen Wasser, als sie mit dem alten Ruderboot rausgefahren waren, um in der Nachmittagssonne Fische zu fangen. Nachdem sie stundenlang, ergebnislos, ihr Glück versucht hatten, aßen sie die kalten Melonenwürfel und sprachen über Fußball. Als sie dann am Abend das Boot an den Strand zogen, entdeckte er einen Frosch im Schilf. Sein Vater nahm das Einmachglas, spülte es aus, fing den Frosch und setzte ihn in das Glas. Sie bestaunten ihn von allen Seiten. Die vielen Grüntöne seiner Haut, je nachdem wie das Licht auf ihn fiel. Und durch das dicke Glas waren seine Augen seltsam verzogen. Er erinnerte sich noch, wie er sich fragte, wie der Frosch ihn wohl sehen würde? Komisch. Das war ja alles noch gar nicht so lange her, und trotzdem gab es schon lange keine Fische oder Frösche mehr. Tim fühlte sich in diesem Moment wie der Frosch im Einmachglas. Aber wer hatte ihn hier hineingetan? Und warum?

Er beschloss zu fragen.

«Hallo?» fragte er in den Raum.

Seine Frage wurde sofort vom Raum verschluckt. Es gab kein Geräusch davor und auch keines danach. Kein Rauschen, kein Pulsieren. Es war nicht einmal das Nichts zu hören.

«Kann mich jemand hören?» schob er zögerlich nach.

Der gleiche Effekt. Keine Reaktion.

Vielleicht war das so eine Regierungssache? Möglicherweise war er auserwählt, diesen sterbenden

Planeten zu verlassen. Und zwar als einer der Ersten. Für ein paar Sekunden schwoll seine Brust vor Stolz. Dann fiel ihm ein, dass es nicht immer eine Ehre war, der Erste zu sein. Und schon gar nicht ungefährlich. Kanonenfutter wollte er wirklich nicht sein. War das der Grund für die „Entführung“? Sollte er ein ungefragter Pionier sein, der das Abenteuer nicht überlebt und dessen Name auf einer unbedeutenden Gedenktafel endet, auf die dann Pubertierende Penisbilder malten? Ganz sicher nicht.

Er begann so ablehnend wie möglich zu schauen und fordernd die Arme vom Körper zu halten und sich langsam um sich selbst zu drehen. Auch das hatte nicht den gewünschten Effekt. Sein Widerstand verpuffte, und die Arme wurden unangenehm schwer. Und so stand er wieder in der Mitte, von was auch immer.

«Wenigstens eine Sitzgelegenheit. Ist das denn zu viel verlangt?» rief er trotzig ins Nichts.

Sofort kam Bewegung in den Boden, nur ein paar Schritte von ihm entfernt. Würfel, so groß wie Bauklötze, lösten sich, stapelten sich, wie von Geisterhand, zu einer Sitzgelegenheit. Seine Kinnlade fiel ihm auf die Brust. Das war definitiv keine irdische Regierung. Und er war nicht allein. Man hörte ihn, also bedankte er sich. Vorsichtig begann er mit den Fingern den Sitzwürfel zu erkunden. Er sah aus wie aus Plastik oder lackiertem Metall, fühlte sich aber an wie Stoff und gab auf Druck leicht nach.

Er nahm Platz und war vom Komfort angenehm überrascht. Eine Stimme unterbrach seine Begeisterung über das unbekannte Material: «Wer bist du?»

Wie von der Tarantel gestochen sprang er auf und stand kerzengerade im Raum.
Was für eine seltsame Frage?
«Ich verstehe die Frage nicht!» stotterte er.
Er hörte ein tiefes Einatmen, bevor die Stimme wiederholte: «Wer bist du?»
«Wer soll ich schon sein?»
«Sag du es mir.»
Jetzt war er vollkommen verwirrt. Worum ging es hier eigentlich? Und zu seiner Verwirrung gesellte sich langsam, aber sicher eine ordentliche Priese Genervtheit.
«Jetzt bin ich mal an der Reihe, Fragen zu stellen. Wer sind SIE und warum haben Sie mich entführt?»
«Wer sagt denn was davon, dass du entführt wurdest?»
Die Stimme klang fast belustigt.
«Schön, dass Sie das amüsiert. Mich nicht. Sie haben mich gegen meinen Willen, einfach aus meinem Haus gezogen oder gesaugt, oder was auch immer, und mich hier unter diese unsichtbare Käseglocke gesperrt. Also, wenn das keine Entführung ist, weiß ich auch nicht.»
«Erstens wurdest du nicht entführt, sondern du sitzt weiter auf deinem, nebenbei gesagt, unfassbar hässlichen Sofa. Und zweitens war es nicht gegen deinen Willen. Ganz im Gegenteil.»
«Wollen Sie mich verarschen? Sieht das hier aus wie mein, nebenbei gesagt, wunderschönes Vintage-Sofa? Ich denke nicht. Und habe ich dem Ganzen hier, was immer das auch ist, zugestimmt? Ich denke nicht. Also hören Sie endlich mit diesem mystischen Scheiß auf und sagen mir endlich, was das hier soll und wer Sie sind.»

Er lauschte gespannt in die Stille, um auch ja kein Wort der Erklärung zu verpassen. Aber zu seinem Erstaunen hörte er keine Stimme, sondern einige Meter vor ihm tauchte plötzlich eine Frau auf. Aus dem Nichts. Einfach so. Sie trug eine Art Raumanzug. Er ging instinktiv ein paar Schritte zurück. Die Frau rückte auf, indem sie langsam ein paar Schritte auf ihn zuging.
«Ich bin du», sagte sie, als wäre es das Normalste auf der Welt.
Er stieß unwillkürlich ein Kichern aus, das sich anhörte wie eine Ente.
«Das wüsste ich aber.»
«Tja, du weißt es eben nicht, und das ist ein Teil des Problems.»
«Moment mal. Du bist mein „umoperiertes Ich" aus der Zukunft? Oder was soll das bedeuten?»
Die Dame atmete tief ein und aus, so wie es Erwachsene gerne tun, wenn sie einem, in ihren Augen, mental eingeschränkten Menschen etwas sehr Einfaches zum zehnten Mal erklären müssen.
«Mit der Zukunft liegst du gar nicht so falsch, wenn vielleicht auch etwas anders, als du denkst, aber „umoperiert" wurde da gar nichts. Ich bin du, in drei weiteren Inkarnationen. Also von dir aus betrachtet.»
«Wie meinen?»
«Du bist gestorben, hast ein neues Leben bekommen, bist wieder gestorben, hast wieder ein neues Leben bekommen, wieder tot, wieder Leben und das wäre dann ich. Oder wir. Soweit klar?»
«Nein!»
In seinem Kopf drehte es sich, wie bei einem Tornado.
«Hier ist überhaupt nichts klar. Nicht mal im Ansatz.

Was soll das alles bedeuten? Wie kann ich denn ich sein. Und du bist auch ich! Das macht doch überhaupt keinen Sinn, verdammt nochmal!»
«Natürlich macht das für dich keinen Sinn, weil du nicht weißt, wer du bist. Und du hast eine völlig veraltete Vorstellung von Zeit!»
Tim hörte auf verstehen zu wollen und reagierte nur noch auf die sonderbare Dame.
«Was heißt denn hier veraltet? Meine Vorstellung von Zeit ist die einzig legitime Vorstellung von Zeit. Ich bin jetzt. Und wenn ich jetzt bin, kannst du nicht auch ich im Jetzt sein. Alles klar?»
Die Dame grinste über das ganze Gesicht.
«Verstehst du das eigentlich selbst, was du da gerade gesagt hast?»
«Ja. Natürlich.»
Er versuchte so souverän wie möglich zu antworten, denn er verstand eigentlich gar nichts mehr. Sie zeigte mit ihrer Hand auf die zauberhaften Sitzwürfel: «Setzt dich. Ich erkläre dir alles. Wir haben nicht viel Zeit.»
Stumm folgte er ihrer Aufforderung. Sie schaute nach oben und schloss für einen Moment die Augen, als müsste sie ihre Gedanken ordnen.
«Ich weiß, du hast tausend Fragen, aber lass mich bitte ausreden.»
Tim atmete an.
«Ausreden habe ich gesagt. Du beantwortest mir jetzt eine wichtige Frage. Wie viele Shuttles mit Siedlern habt ihr schon losgeschickt?»
«Eines. Also, ich meine, das erste macht sich gerade auf den Weg.»
Die Dame atmete erleichtert aus.
«Gut. Das ist sehr gut. Mein Sprung war etwas unpräzise. Das hätte auch mächtig ins Auge gehen

können. Nicht ideal, aber machbar.»
«Ich verstehe wirklich nicht…»
«Ausreden lassen. Gut. Ihr baut gerade richtig Scheiße. Also wir. Keiner von uns konnte absehen, wo wir landen würden und zu was wir in der Lage sind. Wir dürfen diesen Planeten nicht verlassen. Wenn du die Welt jetzt schon für eine Katastrophe hältst, dann kannst du dir nicht mal in deinen kühnsten Träumen ausmalen, was wir in meiner Zeit anrichten. Warum haben wir es dazu kommen lassen?»
Tim wusste nicht genau, was er mit diesen Informationen und der an ihn gestellten Frage anfangen soll.
«Wovon redest du bitte? Wir haben eine Lösung gefunden. Eine zweite Chance.»
Augenblicklich schüttelte sich die Dame vor Lachen.
«Eine zweite Chance. Und du glaubst wirklich, dass es diesmal besser läuft? Man hätte irgendwas gelernt? Die einzige Lehre, die wie wir gezogen haben, ist, dass wir damit durchkommen. Das wir nichts, aber auch gar nichts ändern müssen. Wozu geistiges Wachstum, wenn man genug Alternativen hat? Und was ihr jetzt noch nicht absehen könnt, ist dieser unfassbare Reichtum an Alternativen. Da wartete noch so unendlich viel.»
Tim hing an ihren Lippen und strahlte über das ganze Gesicht.
«Aber das ist doch großartig!» rief er.
«Für uns scheint es so, aber für alle anderen wurde es eine Katastrophe epischen Ausmaßes.»
«Es gibt andere da draußen?»
«Mein Gott, diese Naivität. Ich hatte schon vergessen, dass wir zu sowas fähig waren.»

Ihr Blick verfinsterte sich.
«Wir sind die Pest. Wir bringen seit langer Zeit Leid und Tod über das Universum. Wie ein Krebsgeschwür breiten wir uns aus und lassen nichts zurück als Verwüstung. Wir fallen ein, nehmen was wir brauchen, solange bis nichts mehr übrig ist, und ziehen dann weiter. Von Planet zu Planet. Von Galaxie zu Galaxie. Wir sind zu früh aufgebrochen. Lange bevor wir unsere Lektionen gelernt haben. Viel zu früh.»
Die Dame war zusammengesackt und saß nun ebenfalls auf einer sich aufbauenden Sitzgelegenheit. Tim schnürte es die Kehle zu.
«Ich kann mir das gar nicht vorstellen. Wir haben so viel Hoffnung. Alle ziehen an einem Strang. Wir haben jegliche Auseinandersetzungen und Kriege beendet. Wir waren noch nie so geeint wie jetzt.»
«Mit neuen Planeten kam neuer Fortschritt und neue Techniken. Es taten sich schnell neue Energien auf und damit vervielfachte sich unsere Reichweite. Die ersten Lebensformen haben wir als solche gar nicht erkannt. Uns fehlten die Sinne und die Fähigkeiten, um uns auf bestimmten Ebenen zu bewegen. Es gibt Formen von Leben, die du dir nicht in deinen kühnsten Träumen ausmalen kannst. Wie blinde Elefanten sind wir durch Zivilisationen gestapft. Die Tragweite unseres Handelns war uns nicht bewusst. Doch ist alles miteinander verbunden. Wir haben einen Dominoeffekt in Gang gesetzt, der irgendwann nicht mehr umzukehren war. Und irgendwann war es uns auch egal. Wir sind jetzt die Invasion, vor der wir uns in Comics oder Filmen immer so gefürchtet haben. Wir dürfen diesen Planeten nicht verlassen.»
Tim konnte es nicht glauben. Das war doch absurd.

Dieser neue Planet war ein Wunder. Der technische Fortschritt in der kurzen Zeit war ein Wunder und nur möglich, weil alle Nationen zusammenarbeiteten. Das hatte es so noch nie gegeben. Wie kann diese Erlösung eine solche Katastrophe auslösen?
Seine Skepsis blieb nicht unbemerkt.
«Du glaubst mir nicht, oder?»
«Kein Wort», antwortete er trocken.
«Du hast gedacht, du hast nur ein Leben, was? Hast gedacht, du kannst dich einfach benehmen wie die Axt im Walde und dann: nach mir die Sintflut. Soll die schlimmen Folgen meines Handels doch die nächste Generation ausbaden. Da bin ich schon lange tot. Soweit richtig. Nur, dass du dann wieder kommst, wenn die Kacke richtig am Dampfen ist. Du bist die nächste Generation. Und dann fängt dein neues Leben erst an, und dein eigenes Handeln trifft dich mit voller Breitseite. Du baust dir deine eigene Zukunft. Wieder und wieder. Tja, dumm gelaufen!»
Tim schüttelte den Kopf: «Das ist doch vollkommener Schwachsinn!»
Die Dame wurde auf einmal etwas ruhiger.
«Das habe ich, ehrlich gesagt, auch gedacht. Aber dann triffst du auf Lebensformen, die dir genau das Gegenteil beweisen. Ich habe Völker gesehen, die aus Klang bestehen. Töne, die deine Vorstellungskraft sprengen. Wesen, für deren Kinder Raum und Zeit nur eine Spielwiese sind, auf der sie nach Belieben herumtollen.»
Tim rauschte es in den Ohren. War das wirklich alles möglich? Würde das aus ihm werden?
«Was für eine Rolle spielen wir bei dem Ganzen?» fragte er, obwohl er Angst vor der Antwort hatte.

Die Dame schaute ihn an und dann beschämt zur Seite.
«Ich bin zuständig für die Säuberungen. Zusammen mit meiner Division nehmen wir den Erstkontakt auf und sondieren die Lage. Manche Lebensformen sind an einer Geschäftsbeziehung interessiert, die immer zu unseren Gunsten ausfällt. Andere sehen uns als das, was wir sind: Eindringlinge. Sie setzen sich zur Wehr. Einige mit Erfolg, aber die meisten unterliegen unserer Technik, entwickelt in Jahrhunderten und ergänzt mit Waffen unzähliger assimilierter Zivilisationen. Dann bleibt nichts mehr übrig außer dem, was wir benötigen.»
Jede Zelle von Tims Körper hatte sich verkrampft.
«Ich werde also zum Mörder. Das ist meine Zukunft?»
Traurig schüttelte die Dame ihren Kopf: «Ich kann das nicht mehr. Schon seit einer Ewigkeit suche ich nach einer Möglichkeit, das zu beenden. Und bei meinem letzten Einsatz traf ich diesen Empath. Er lag vor mir, schwer verwundet. Er las mich und mein Innerstes in dem Moment, als sich unsere Blicke trafen. Und er zeigte mir diesen heiligen Ort seiner Vorfahren. Eine Möglichkeit, in Kontakt mit seinen Vorleben zu kommen, weil für sie nur so eine umfassende Heilung möglich ist. Und ich habe es tatsächlich gefunden. Deswegen musst du mir zuhören. Man wird mich bald finden und für meine Flucht zur Rechenschaft ziehen.»
Hilflosigkeit und Wut stieg in Tim auf. Warum bürdete man ihm dieses Wissen auf?
«Und selbst wenn das alles wahr wäre, was erwartest du von mir? Was soll ich an der ganzen Situation ändern? Soll ich zu den Führern dieser Welt gehen

und sagen: Mein Ich aus der Zukunft sagt, wir können leider nicht diesen sterbenden Planeten verlassen, Milliarden von Menschen retten und zukünftigen Generationen eine Zukunft bieten, weil wir zu einer zerstörerischen Rasse werden, die das Universum niederbrennt?»

«Zu einer zerstörerischen Rasse **werden**?»

Tim räusperte sich.

«Du weißt schon, wie ich das meine.»

«Ich weiß ganz genau, was du meinst. Und glaubst du wirklich, es machen sich Milliarden Menschen auf den Weg? Weißt du, wie viel Tausend Jahre es dauern würde, in dem Tempo Milliarden Menschen aus der Atmosphäre zu schießen? Was glaubst du denn, wer die ersten sicheren Tickets ergattert? Das sind genau die Menschen, die es Jahrzehnte lang verhindert haben, diese Welt zu retten. Und das Einzige, was sie zu einer Lösung beigetragen haben, war die Hoffnung, dass irgendwann mal irgendwer etwas erfindet. Herzlichen Glückwunsch!»

Er stand auf und ruderte mit den Armen.

«Das mag ja alles sein, aber es beantwortet nicht meine Frage. Was soll ich tun? Ich habe Einfluss auf gar nichts. Niemand wird auf mich hören. Niemand wird mir glauben. Ich…kann es ja nicht einmal selber glauben.»

Die Dame seufzte: «Verstehe. Du musst es selbst sehen.»

Dann ging sie in die Mitte der Plattform, streckte die rechte Hand aus und aus dem Boden wuchs eine kleine silberne Säule. Sie winkte Tim heran.

«Wenn ich zurückschauen kann, kannst du auch vorausschauen.»

Langsam näherte sich Tim dem Gebilde. Irgendwie

war ihm das Ganze nicht geheuer. Was, wenn es weh tat? Oder sich eine fremde Kraft seines Geistes bemächtigte? Seine Unsicherheit blieb nicht unentdeckt.
«Keine Sorge, es tut nicht weh. Und jetzt etwas Beeilung bitte. Ich weiß nicht, wie stabil die Verbindung ist.»
Vorsichtig näherte er sich mit seiner Hand. Sein Zeigefinger war nun ein paar Zentimeter entfernt, als sich eine Art flüssiger Tentakel aufbaute und sich in Richtung seines Fingers bewegte. Instinktiv riss er die Hand zurück.
Die Dame seufzte erneut.
«Ich habe doch gesagt, es tut nicht weh. Versprochen. Es sucht nur die Verbindung zu dir. Jetzt sei doch nicht so ein Angsthase.»
«Was soll´s», dachte Tim und streckte erneut die Hand aus. Augenblicklich erschien wieder die Flüssigkeit und nach ein paar Zentimetern trafen sie sich.
Sofort wurde es schwarz um ihn und kalt. Sehr kalt. Als Kind war er mal im Winter ins Eis eingebrochen. Nicht sehr tief, aber seine Kleidung sog sich voll eiskaltem Seewasser. Patschnass musste er bei Minustemperaturen nach Hause laufen. Und das war gegen diese Kälte warmes Badewasser. Er hatte das Gefühl, jede Zelle begab sich sofort in Schockstarre. Als wäre die Zeit eingefroren. Dann erschienen aus der Dunkelheit wabernde Farben, wie Polarlichter. Sie tanzten um ihn herum, hüllten ihn ein und flossen wieder vorbei.
Langsam formten sich Bilder aus dem tanzenden Licht. Aber nicht wie bei einer Leinwand vor ihm, sondern sie umschlossen ihn. Er war mittendrin.

Und was er sah, schockierte ihn zutiefst.

Leben 19

David saß auf der großen Treppe und genoss die warmen Sonnenstrahlen. Eigentlich sollte er im Unterricht sitzen und Bildung genießen, aber dafür war das Wetter heute einfach zu schön. Es war die wunderbare Zeit im Übergang vom Frühling zum Sommer. Alles blühte und die Tage wurden immer länger. Das Wetter war sonnig und warm, aber noch nicht so heiß. Die bepflanzten Fassaden spendeten eine angenehme Kühle, und um ihn herum summten die Insekten. Er kramte in seinem Rucksack, holte seine Brotbox heraus, öffnete sie und biss in sein Brot. Der Saft der Tomaten vermischte sich mit der Schärfe der Zwiebeln und dem frischen Sauerteigbrot. Eine Geschmacksexplosion. Kauend sah sich David um. In der Mitte des kleinen Wasserbrunnens, in dem sich ein paar Spatzen wuschen und ein Frosch sich in der Sonne räkelte, schaute er auf die Büste des Mannes, der mit seinem Einsatz alles verändert hatte. Nach ein paar gescheiterten Starts der Raumfähren, kippte die Stimmung in der Bevölkerung. Viele waren sich nicht mehr sicher, ob Flucht das richtige Mittel war, eine bessere Zukunft zu gestalten. Und dieser Mann warnte davor, diesen Planeten zu verlassen und all die Kraft und das Geld lieber in den Erhalt unserer Welt zu stecken, anstatt unsere Probleme im ganzen Universum zu verteilen. Und die Menschen hörten ihm zu. Seine Entschlossenheit beeindruckte sie. Erst nur einige Wenige und dann wurden es immer mehr. Natürlich wurde das Weltraumprojekt nicht komplett

aufgegeben, aber die Hoffnung blieb auch auf der Erde und schuf ein Klima, indem so viel Gutes möglich wurde.
Irgendwie hatte David eine Verbindung zu diesem Mann. Seitdem er ganz klein war und sich überhaupt erinnern konnte, erschien er ihm im Traum. Zusammen mit dieser seltsamen Frau in dem Raumanzug. Und wenn ihm das auch überhaupt nichts sagte, hatte er immer das Gefühl von Familie.

# Die Höhle

Er tat einen Schritt nach vorne, verlor den Boden unter den Füßen und fiel in die Dunkelheit. Nach einem fast endlosen Fallen ins Nichts, schlug er hart auf. Wenn ihm auch sein Körper signalisierte, dass er auf etwas Festem lag, hatte er weiter das Gefühl zu fallen. Er hatte völlig die Orientierung verloren. In der alles durchdringenden Finsternis hatten seine Augen nichts, an dem sie sich festhalten konnten. Sein Körper schmerzte. Sein Atem ging schnell und viel zu flach. Er versuchte sich zu beruhigen. Er dachte nach. Wo er lag, war unten, und das über ihm war oben. Dieser Gedanke beruhigte ihn langsam. Er konnte sich wieder grob verorten.

Vorsichtig tastete er mit seinen Händen das ab, was er für den Boden hielt. Es war kalt. Es war Stein. Kaltes Felsgestein. Er stand auf und tastete sich langsam vorwärts, ohne auch nur das Geringste zu sehen. Nach einigen Schritten fühlte er vor sich wieder diese steinerne Kälte, die ihm den Weg versperrte. Er drehte sich um und ging abermals ein paar Schritte. Wieder stoppte ihn eine eiskalte Felswand. Er befürchtete das Schlimmste. Und tatsächlich konnte er sich in jede Richtung bewegen und wurde von einer Felswand gestoppt. Er war in der Falle. Und kein Licht fiel in sein Gefängnis.

Er merkte, wie seine Augen langsam ruhiger wurden. Eben waren sie noch wie Suchscheinwerfer über die Dunkelheit geglitten, in der Hoffnung irgendwo doch einen Hauch von Licht zu erhaschen, doch da war nichts.

Resigniert stellten sie ihre Suche ein und schauten starr ins Nichts.
Er war allein. Oder doch nicht? Woher sollte er wissen, was da in der Dunkelheit war? Er rief ein lautes „Hallo“ in die Dunkelheit. Ein donnerndes Echo schallte von den Felswänden zurück. Sonst rührte sich nichts. Kein Atmen. Kein Knurren. Kein Winseln. Was sollte er jetzt tun? Auf Hilfe war nicht zu hoffen. Er war allein unterwegs und niemand wusste, wo er war. Der Einzige, der ihm jetzt helfen konnte, war er selbst. Aber wie?
Da schoss ihm der Gedanke durch den Kopf, in den Felswänden nach Vorsprüngen zu suchen, um so hinauszuklettern. Er machte mit ausgestreckten Armen ein paar Schritte nach vorn, bis er wieder diese Kälte an den Fingerspitzen fühlte. Vorsichtig fühlte er die Felswand ab. Aber da war nichts. Kein Loch. Kein Vorsprung. Nichts.
Er wiederholte das Abtasten in allen möglichen Richtungen, aber er fand nicht eine Stelle, an der er sich festhalten konnte. Erschöpft lehnte er sich in seiner momentanen Position an den kühlen Stein. Was hatte er sich eigentlich gedacht? Alleine in den Wald. Niemand wusste, wo er war. Was für eine dämliche Idee, nicht auf dem bekannten Weg zu bleiben, sondern einfach querfeldein in die Wildnis zu laufen. Und das ohne passende Ausrüstung. Er war mit Sneakern, kurzer Hose und nur einem T-Shirt in den Wald gelaufen. Er musste ja unbedingt den Kopf frei kriegen. Wie blöd kann man eigentlich sein? Und jetzt saß er hier in einer dunklen Höhle, umgeben von undurchdringlichen Felswänden, ohne Licht, Wasser oder Nahrung. Er wird elendig verhungern, verdursten oder einfach erfrieren. Vorsichtig begann

er seinen Körper abzutasten, ob er sich bei dem Sturz auch noch verletzte hatte. Vorsichtig glitten seine Fingerkuppen über die freiliegenden Arme und Beine. Es war nichts zu spüren. Keine Wunden, kein Blut und keine Knochen, die an Orten waren, wo sie nicht hingehörten. Ihm war kalt. Hier waren es mindestens fünfzehn Grad weniger als draußen in der Sonne. Er rieb seine Hände, und das Geräusch hallte durch die ganze Höhle. Er klopfte in die Hände, und das Echo schallte von den Wänden. Danach herrschte wieder absolute Stille. Sein Atmen, das sein Gehirn normalerweise ausblendete, war jetzt unangenehm präsent. Er versuchte über einen längeren Zeitraum, seinen Atem anzuhalten, was dazu führte, dass ihm schwindelig wurde und er lieber normal weiter atmete. Um sich abzulenken, fokussierte er sich auf einen anderen Sinn und spitzte die Ohren. Es war nichts zu hören. Sein Verstand suchte nach Wind oder Wassergeräuschen. Tiere vielleicht. Alles, was man in so einer Situation erwarten würde.

Und dann hatte er plötzlich den Gedanken, nicht auf eine Bestätigung des Erwartbaren zu hoffen, sondern sich für das Unerwartete zu öffnen. Was für ein dämlicher Gedanke.

Was gäbe es hier schon Unerwartetes zu hören? Und trotzdem machte es in ihm „Klick“, und das Gefühl von Ausdehnung machte sich in ihm breit. Und dann hörte er es. Ein ganz leises Kratzen. Wie ein Fingernagel auf einem Holztisch. Woher kam das? Er drehte seinen Kopf in alle möglichen Richtungen, um das Geräusch auszumachen. Und tatsächlich konnte er es lokalisieren. Langsam rutschte er auf allen Vieren ganz nah an eine der Felswände. Das Kratzen kam eindeutig von dieser Stelle.

Er legte seine Hand vorsichtig auf den kalten Stein, und eine leichte Schwingung drang durch die Finger in seinen Körper. Ein modriger, erdiger Geruch drang in seine Nase. Das war Erde. Waldboden. Da war irgendwo Erde. Seine Finger glitten über den Felsen und tatsächlich fand er einen großen Stein, der sich bewegen ließ. Vorsichtig ruckelte er ihn hin und her, bis er sich löste und er ihn auf den Boden legte. Und er spürte tatsächlich feuchten Waldboden, und das Kratzen war lauter geworden. Und plötzlich sah er vor seinem geistigen Auge ein Bild, das sich aus der Dunkelheit formte. Ein Regenwurm glitt durch das Erdreich, und sein pulsierender Leib rieb sich an Steinen und Pflanzenresten. Er war es, der dieses Kratzen verursachte.

Erschrocken wich er zurück. War es schon so weit? Verlor er bereits den Verstand? Wie war es möglich, das Kriechen eines Regenwurms zu hören? Jetzt wollte er es wissen. Er nahm beide Hände und grub sie tief ins freigelegte Erdreich. Er spürte Steine, unterschiedliche Texturen von Erde und Wurzeln. Er packte sie. Umschloss sie wie helfende Hände, die nach ihm griffen. Er verband sich mit den unsichtbaren Fäden der Pilze im Boden. Die Könige eines Waldes unter unseren Füßen. Wie kleine Saugnäpfe umfingen sie seine Hände und Arme und verbanden ihn mit einem Netzwerk, das die ganze Welt umfing.

Und da fühlte er es. Das Kribbeln ging durch seinen ganzen Körper. Er fühlte Vibrationen im Boden, und sein Geist folgte der Schwingung durch den Felsen und den Boden hinauf zu seinem Ursprung. Er sah ein Reh, das auf dem Waldboden stand und friedlich graste.

Wenn es in seiner Umgebung alles abgegrast hatte, machte es ein paar Schritte und begann wieder zu fressen. Und jeden seiner Schritte spürte er. Wie war das möglich? Immer tiefer grub er sich in den Boden, fühlte die Schwingungen und stieg mit ihnen empor. Er sah Tiere vor sich. Viele Tiere. Insekten. Millionenfach. Schnelle Hasen. Galoppierende Pferde. Und dann sah er Menschen. Gehende. Rennende. Tanzende. Die ganze Welt erschien vor seinem inneren Auge. Und in Bruchteilen von Sekunden bewegte er sich einmal um sie herum. Er ging auf dem Grund des Ozeans und schaute von den höchsten Bergen auf die Welt. Er spürte die heiße Sonne auf dem feinen, weißen Sandstrand und den eisigen Frost des ewigen Eises. Er war mit allem verbunden. Und alles mit ihm. Tränen stiegen ihm in die Augen. Dann ging es weiter hinauf in den Gesang der Planeten. Galaxien verdichteten sich zu etwas Lebendigem. Einem gewaltigen Körper, der ihm mit brennenden Sonnen direkt in die Seele schaute. Überwältigt und erschöpft fiel er nach hinten und landete erneut auf dem felsigen Boden. Ein wohliger Schauer durchströmte seinen Köper. Und er wusste, dass all das eben Gesehene und Erlebte auch in ihm war. Auch in ihm lebte und atmete ein ganzes Universum, für das er die Verantwortung trug. Lebewesen, auf die er hinabschaute mit brennenden Sonnenaugen. Er erkannte erst in der Dunkelheit das Licht seiner wahren Existenz.

# Eine alte Dame

Leon ließ den letzten Karton einfach auf den Boden fallen. Da waren sowieso nur Bücher drinnen. Er konnte einfach nichts mehr heben. Nicht mal eine Briefmarke. Umzüge waren die Hölle. Erschöpft ließ er sich auf das billige Sofa fallen, das ihm Sven zur Verfügung gestellt hatte. Da der Auszug plötzlich und unerwartet kam, fehlten ihm alle grundsätzlichen Dinge. Gute Freunde hatten ihn mit Tassen, Tellern, Töpfen und Pfannen versorgt. Sven mit besagtem Sofa, und seine Schwester Lea hatte ihm einen alten Fernseher, der fünfmal so dick war wie moderne Geräte, auf ein marodes Sideboard gestellt. Da saß er nun und sah vor seinem geistigen Auge immer wieder die sich schließende Tür, hinter der das Gesicht verschwand, das er jahrelang geliebt hatte. Wie konnte es so weit kommen? Wann war das alles passiert? Und war er denn mit Blindheit geschlagen? Offensichtlich schon. Das brach einfach über ihn herein. Obwohl sie sich damit schon sehr lange beschäftigt hatte. Mehrfach hatte sie wohl das Gespräch gesucht, Andeutungen gemacht, aber er war zu sehr mit sich selbst beschäftigt. Er hatte sich selbst vierundzwanzig Stunden am Tag in Beschlag genommen. Ein komisches Gefühl, als würde man in einem Auto sitzen und auf einen Abgrund zusteuern. Man sieht diesen Abgrund genau vor sich und man weiß auch, dass man unweigerlich in den Abgrund stürzen wird, wenn man nicht auf die Bremse tritt, und doch tut man es nicht. Man fährt sehenden und wissenden Auges direkt ins Verderben.

Mit der irrwitzigen Hoffnung, dass sich der Wagen vielleicht doch einfach vom Boden löst und über den Abgrund in den Himmel fliegt. So unrealistisch dieser Gedanke auch war, denn er tat es nicht. Sie trat auf die Bremse und stoppte die Fahrt. Und da saß er nun zwischen Koffern, Taschen, Plastiktüten, Kisten und Kartons. Er fühlte sich allein. Wie der einsamste Mensch auf diesem Planeten. In ruhigen Momenten wie diesen, hatte er das Gefühl, dass sich Schatten um ihn versammelten. Im Augenwinkel lauerten sie, und er fragte sich manchmal, woher sie kamen.
Er legte sich mit der Bierflasche auf die Matratze und scrollte durch sein Smartphone. Die ausgestreckte, entspannte Position, die extreme Erschöpfung und das Bier sorgten dafür, dass seine Augenlider immer schwerer wurden. Eigentlich wollte er sich noch ausziehen, aber dazu kam es nicht mehr. Er entglitt in einen seligen Schlummer. Der allerdings sehr unsanft unterbrochen wurde. Jemand rief nach ihm. Noch halbschlafend öffnete er die Augen und starrte fassungslos in das Gesicht einer alten Dame, die ihn anschrie: «Sie schnarchen!»
«Wie? Was?» stotterte er und erlangte schlagartig das volle Bewusstsein.
Die alte Dame schnaufte und wiederholte: « Sie schnarchen. Und wie. Hat Ihnen das noch nie jemand gesagt?»
«Wer, zum Teufel, sind Sie und was machen Sie in meiner Wohnung?» entfuhr es ihm und er starrte in weit aufgerissene Augen.
«Also nicht in dem Ton, junger Mann. Erst schnarchst du so laut, dass du die Toten aufweckst, und dann schnauzt du mich auch noch an? Das sind vielleicht Manieren.»

Es fiel ihm schwer sich zu konzentrieren, denn es gab nur die eine Frage, die ihn beschäftigte und die er erneut lautstark äußerte: «Wer sind Sie?»
«Also gut. Ich bin die Vormieterin.»
«Nein», war seine Antwort ohne die geringste Verzögerung. Denn das war einfach nicht möglich. Sein neuer Vermieter hatte ihn darauf aufmerksam gemacht, dass die Vormieterin, eine zauberhafte, ältere Dame, wie er betonte, bedauerlicherweise freiwillig und selbstbestimmt aus dem Leben geschieden war. Es war also vollkommen unmöglich, dass es sich um die Vormieterin handelte.
So einfühlsam wie möglich fragte Leon: «Soll ich jemanden für Sie anrufen? Vielleicht vermisst Sie jemand? Eine Einrichtung vielleicht?»
«Ja eben nicht», war die Antwort, «deshalb habe ich ja das mit den Tabletten gemacht, weil ich eben nicht in eine Einrichtung wollte. Jetzt sein Sie doch nicht so schwer von Begriff.»
Leon versuchte seine Gedanken zu sortieren. «Sie haben was mit den Tabletten gemacht?»
«Genommen. Die ganze Packung. Widerlicher Geschmack. Aber sehr effektiv.»
Panik machte sich in ihm breit, und er begann hektisch sein Smartphone zu suchen.
«Fuck! Wo ist das Handy? Ich rufe sofort den Notarzt. Können Sie vielleicht ko…, ich meine brechen?»
Erstaunt sah ihn die alte Dame an.
«Wie bitte?»
Endlich hatte er das Smartphone gefunden und versuchte nun es zu entsperren.
«Wegen der Tabletten», rief er, «damit wir noch einige rauskriegen, bevor sie wirken!»

Die alte Dame lachte.
«Ich befürchte dafür ist es eindeutig zu spät. Sie haben sehr gut gewirkt. Ich bin eingeschlafen und dann…»
«Dann was?»
«Gestorben. Ich bin dann gestorben. Sie sind nicht gerade die hellste Kerze auf dem Kuchen. Kann das sein?»
Dieses verfluchte Smartphone wehrte sich mit Händen und Füßen gegen den richtigen Pin.
«Nun legen sie mal das Ding da weg», befahl die alte Dame.
Leon gehorchte und fragte sich, was die nette alte Dame versuchte ihm zu sagen. Langsam dämmerte es ihm, und er war nicht begeistert. Immer wieder murmelte er: «Ein Bier. Es war doch nur ein Bier.»
«Jetzt reg dich doch nicht so auf. Ich mache das nicht zum ersten Mal.»
«Sie machen das öfter?»
Die alte Dame setzte sich auf einen Karton.
«Das ist jetzt so etwas wie meine Aufgabe geworden. Bevor ich die Sache mit den Tabletten gemacht habe, war ich sehr verzweifelt. Ich wusste keinen Ausweg mehr und ich war so unglaublich allein. Jedenfalls hatte ich das Gefühl. Und seit meinem Tod zieht mich dieses Gefühl der Einsamkeit magisch an. Jedes Mal, wenn ein Mensch sich in dieser Situation befindet, habe ich meinen großen Auftritt. Und das sind so unglaublich viele Menschen. Ich komme kaum hinterher.»
Leon strich sich über die Oberschenkel, um sich zu versichern, dass er nicht schlief.
«Das klingt vollkommen verrückt. Und selbst, wenn das real wäre, bin ich doch in einer ganz anderen

Situation als Sie. Ja, ich mache gerade eine schwierige Phase durch, aber ich will mich ja nicht umbringen.»
Sie sah ihn ganz genau an.
«Aber ich sehe, in welcher Gesellschaft du dich befindest. An deiner Stelle hätte ich gerne gewusst, was ich jetzt weiß.»
«Und was wäre das?»
Sie hob den Arm und zeigte ihn eine dunkle Ecke des Zimmers.
«Ich möchte dir jemanden vorstellen.»
Gespannt sah er in das Dunkel, aus dem ein Mann trat, der ihm bis aufs Haar glich. Ein Duplikat seiner selbst. Erschrocken zuckte er zusammen.
«Was ist das?»
«Wonach sieht es denn aus?» fragte die alte Dame zurück.
«Das bin ich.»
«Tja, schade. Leider daneben. Es möchte gerne, dass du das denkest, aber es ist nicht so.»
In Gedanken formte er erneut die Frage, was das sei. Eine Stimme in ihm sprach: «Was du willst.»
Im Bruchteil einer Sekunde formte es sich zu einem Kind von ungefähr zwei Jahren.
«Dein inneres Kind», sprach die Stimme.
Dann wechselte es die Form zu ihm, als sportlicher Muskelprotz, als erfolgreicher Geschäftsmann in einem teuren Anzug, als Künstler mit ausgefallener Brille und als Jesusimitat in langer Robe. In einer immer schneller werdenden Abfolge wechselte sein Look.
«Was ist das?»
«Das ist der Grund für dein Leid. Denn das Leid braucht der Gute, wie die Luft zum Atmen. Denn nirgends sind wir so isoliert wie im Leid. Immer die

gleiche Leier: Mir geht es so schlecht. Ich muss so leiden. Niemandem ist es je so schlecht gegangen wie mir. Ich bin allein. Ich bin der einsamste Mensch auf der ganzen weiten Welt. Diese Sprüche sind der größte Mist und die größte Lüge. Du bist nie allein. Um dich gibt es unzählige Lebewesen, mit Körper oder ohne, mit denen du unzertrennbar verbunden bist. Du bist umgeben, ach was sag ich, du schwimmst in Liebe. Jede Sekunde deines Seins. Und um diese Verbundenheit auszuhebeln, täuscht er dir die große Einsamkeit vor. Lässt dich nicht in Ruhe. Hält dich immer in Bewegung. Schürt den Hass auf alles und jeden."

Leon schaute seinem Gegenüber in die Augen. Unzählige Mechanismen liefen routiniert ab: Das kann nicht sein. Du bist verrückt. Du träumst. Schluss damit.

Aber nichts dieser Programme schien zu greifen. Alles prallte an ihm ab.

«Was mache ich mit ihm?» fragte Leon völlig überwältigt.

«Ihn dazu führen, dass er erkennt, dass er seine wahre Größe erst erfährt, wenn er sich in Demut dieser großen, allumfassenden Liebe öffnet.»

Leon hörte in sich die Worte: So sei es. Und in dem Moment verwandelte sich das Ding in einen wunderschönen, strahlenden Engel. Zwischen all den Kartons und Taschen stand ein in Licht gehülltes Wesen.

«Habe ich es jetzt geschafft?» fragte Leon ungläubig.

Die alte Dame lachte erneut.

«Das ist ein verdammt raffiniertes Aas. Es schaltet mühelos auf spirituell um und wird sich jeder neuen Situation anpassen. Und das gleiche Spiel

weiterspielen, und du glaubst Wunder was geschafft zu haben. Und dann bist du plötzlich der Meister und alle anderen sind noch nicht so weit. Vorsicht!»
«Und woher weiß ich, was echt ist?»
«Fühlen. Lerne wieder zu fühlen. Nutze deinen Körper dafür. Wollen fühlt sich anders an als sein. Und vergiss nie, du bist nicht allein.»
Dann spitzte sie die Lippen und pustete in Richtung der Lichtgestalt, die sich augenblicklich, wie ein Nebel auflöste.
«So, ich muss weiter», fuhr sie fort und mit einem Lächeln im Gesicht verschwand auch sie im Nichts.
Leon saß wieder allein auf seiner Matratze in der Dunkelheit der Nacht. Aber er fühlte sich nicht mehr allein. Er fühlte sich bis zum Bersten gefüllt mit Liebe und Zuversicht.

# Eine Bank in den Wolken

Elisabeth wusste, dass es bald so weit war. Seit gestern Nachmittag hatte sich etwas verändert. Es fiel ihr immer schwerer tief einzuatmen. Sie war oft zu müde, um ihre Augen offen zu halten. Sie rutschte immer leichter weg und konnte nichts dagegen tun. Aber das Schlafen war anders. Und das Träumen. Es war ihr, als wenn man vor der Abfahrt in einem Reiseprospekt blättern würde. Vor dem inneren Auge erscheinen dann die exotischen Orte, die auf einen warten. So etwas wie Vorfreude macht sich in einem breit. Und Elisabeth platzte vor Vorfreude.
Maximilian war schon vor drei Jahren gegangen. Das war ein harter Schlag gewesen, nach 53 Ehejahren. Als er noch bei Bewusstsein war, hatte er ihre Hand gehalten und gesagt, er würde auf sie warten. An diesem Versprechen hatte sie sich drei Jahre lang festgehalten. Und nun war alles zum Greifen nah. Die Krankenschwester kam in immer kürzeren Abständen, um nach ihr zu sehen. Elisabeth hatte keine Schmerzen. Überhaupt hatte sie kaum noch einen Bezug zu ihrem Körper. Sie wollte nicht undankbar erscheinen, er hatte ihr über 80 Jahre hervorragende Dienste geleistet. Aber jetzt war er hinderlich. Er hing wie ein Anker an ihr, aber das Lösen der Ankerkette stand unmittelbar bevor.
Elisabeth überlegte, vor wie vielen Minuten die Krankenschwester zu ihrem Sohn gesagt hatte: «Es dauert nicht mehr lange.» Oder war das schon Stunden her? Sie hatte überhaupt kein Zeitgefühl mehr. Komisch, wie Dinge, die einem immer so

wichtig waren und die auch feste Größen zu sein vorgaben, plötzlich ihre Bedeutung verloren. Zeit zum Beispiel. Oder aber auch der Raum. Man war da und im nächsten Moment auch wieder nicht. Spannend. Wäre ein Leben ohne eine feste Definition von Raum und Zeit überhaupt möglich? Aber was machte dieses Gedankenspiel jetzt noch für einen Sinn?
Max wartete auf sie. Er würde sie gleich in Empfang nehmen und sie zu ihrer Bank führen. Ihre Bank in den Wolken. Ein wahnsinnig kitschiges Bild, dem aber ein reales Erlebnis zu Grunde lag. Vor Jahren waren sie bei ihrem Sohn zu Besuch am Chiemsee. Ein wunderschönes Haus direkt am Wasser. Am Ende des Grundstückes, direkt am Ufer, stand eine Bank, auf der die beiden saßen. Es war ein sonniger Tag mit blauem Himmel und ein paar weißen Schäfchenwolken. Als sie nun zusammen auf der Bank saßen, spiegelten sie sich auf der Wasseroberfläche des Sees, umgeben von den weißen Wolken. Es sah aus wie gemalt und wurde so etwas wie ihre Zukunftsvision. Eine Bank in den Wolken. Plötzlich wurde es Elisabeth sehr warm. Eine wohlige, warme Welle durchströmte ihren Körper. Der ganze Raum wurde heller, aber auch verschwommener. Als würde man durch ein beschlagenes Glas in ein Zimmer schauen. Die Ankerkette löste sich und rasselte in die Tiefe. Eine unbeschreibliche Leichtigkeit ergriff Elisabeth, und sie hatte das Gefühl, sie würde immer höher steigen. Alles um sie herum verschwand und plötzlich war da nur noch Dunkelheit. Aber es war nicht unangenehm, beängstigend oder einsam. Sondern eher wie der vertraute Gang durch eine wohlbekannte Tür.

Und tatsächlich lichtete sich die Dunkelheit, und Elisabeth fand sich an dem alten Busbahnhof ihrer Kindheit wieder. An einigen Stellen warteten alte Omnibusse auf ihre Fahrgäste. Alte Krafträder knatterten mit ihren Fahrern an ihr vorbei. Es war ein geschäftiges Treiben, das seltsam aus der Zeit gefallen war. Verwundert sah sie sich um. Sogar der alte Kiosk war da, an dem hatte ihre Oma ihr immer einen Lolli gekauft, wenn sie zu Besuch kam und abgeholt wurde. Elisabeth schaute an sich runter und befürchtete wieder fünf Jahre alt zu sein. Aber dem war nicht so. Aber was sie war, konnte sie nicht so genau ausmachen. Sie war nicht jung, aber auch nicht alt. Sehr komisches Gefühl. Als sie sich weiter umsah, stand da plötzlich Maximilian mit einem Blumenstrauß in der Hand. Jedenfalls sah er irgendwie so aus. Auch er war nicht genau festzumachen, und doch schien etwas Vertrautes durch die diffuse Hülle. Freudestrahlend ging sie auf ihn zu. Er lächelte und nahm sie in den Arm.
«Da bist du ja», flüsterte er.
Dann wollte er wissen, wie sie sich fühle, und das war gar nicht so leicht zu beantworten. Alles war nur so ähnlich, wie sie es in Erinnerung hatte. Auch sie selbst war nur ein Stück Erinnerung an etwas, das es nicht mehr gab.
Max erklärte ihr, dass dieser Übergang, der noch Echos des Vergangenen enthielt, es leichter machen solle anzukommen. Hier sei doch einiges anders, als man es sich mit Körper so vorgestellt habe. Den Eindruck hatte nun auch Elisabeth. Der Bahnhof verschwand, und sie standen nun auf einer grünen Wiese. Einige Meter vor ihnen ragte ein großes Gebäude in den seltsamen Himmel. Maximilian

forderte sie auf, ihm zu folgen. Er wolle ihr etwas zeigen. Sein Äußeres hatte sich nun noch weiter verändert. Irgendwie verlor er immer mehr das Aussehen eines Menschen. Die Form ähnelte ihm noch, aber alles andere wurde immer unspezifischer. Elisabeth folgte ihm, und sie gingen durch ein großes Tor in das Innere des Gebäudes. Sie folgte nicht mehr ihrem Ehemann, sondern sie folgte einem Freund. Ein langer Flur führte sie in einen großen Saal, in dem mindestens 200 Lebewesen versammelt waren. Und es waren wirklich nur Lebewesen. Mittlerweile konnte Elisabeth nicht mehr unterscheiden, ob es sich um Männer oder Frauen handelte. Um ältere Menschen oder Kinder. Und doch waren ihr alle sonderbar vertraut. Sie erkannte in jedem Einzelnen einen geliebten Menschen aus ganz unterschiedlichen Leben. Unzählige Ehemänner und Ehefrauen. Kinder und Enkelkinder. Väter, Mütter und Geschwister. Verbindungen und Erfahrungen aus Jahrtausenden und darüber hinaus. Sie selbst war nicht mehr Elisabeth, sondern das Leben selbst, das sich in den anderen erkannte. Und da war nur Liebe. Aber keine personalisierte Liebe. Die blieb zurück bei einem Körper, der Elisabeth genannt wurde.

## Der Tod ist mein Freund.

Der Tod ist mein Freund, weil er ein liebender
Begleiter ist.
Einer, der um Schönheit weiß.
Die Schönheit des Lebens.

Der Tod ist mein Freund, weil er die Ruhe ist.
Die entspringt aus dem Augenblick.
Der mir Stärke verleiht.

Der Tod ist mein Freund, weil er nicht eilt.
Sondern flüsternd spricht: Lass dir Zeit!
Weisheit, leere dein Stundenglas.

Der Tod ist mein Freund, weil er vom Leben spricht.

# Der Meister

Amon standen die Tränen in den Augen und sein Herz schlug ihm bis zum Hals. Er hielt noch den Stock in der Hand, und das Blut tropfte auf den heißen Sand. Seine Knie zitterten und versagten ihren Dienst. Er sackte zusammen und kauerte auf dem Boden. Verzweifelt schlug er mit der rechten Hand drei Mal gegen den eigenen Kopf. Was hatte er nur getan? Wozu hatte er sich hinreißen lassen? Immer wieder sah er die aufgerissenen Augen des Mannes vor sich, wie sie ihn, durch die schützend ausgestreckten Finger, anstarrten. Der dumpfe Schlag dröhnte durch seinen eigenen Schädel. Aber viel schlimmer war das Brennen der Scham, das sich in ihm ausbreitete. Er hatte einen Menschen verletzt. Und das vor den Augen des Meisters.
Das war unverzeihlich. Er wird ihn verdammen und davonjagen. Mit dieser Tat hatte er jegliches Recht verwirkt, sich auch nur in seiner Nähe aufzuhalten. Sein Leben war vorbei, wo es doch gerade erst vor zwei Wochen wirklich begonnen hatte, als er auf dem Markt von diesem seltsamen Mann hörte, der vor der Stadt, an einem Fluss, sein Lager aufgeschlagen hatte und zu den Menschen sprach. Die halbe Stadt hatte schon vor ihm gesessen, und es war von Wundern die Rede. Amon trieb ehrlich gesagt nicht der Wunsch nach Erleuchtung, sondern die pure Neugier vor die Tore der Stadt.
So machte er sich damals auf zum Lager des Wundermannes. Es war in den frühen Abendstunden, in denen das Licht noch gut genug ist und die Temperatur recht angenehm.

Der Fußweg war nicht weit, und er war auch nicht allein unterwegs. Wieder hatten sich Bewohner der Stadt mit auf den Weg gemacht. Vor Amon liefen drei Kinder und ihre Mütter.
Die Kinder lachten, rannten und jagten sich, als wären sie auf dem Weg zu einem Fest.
In einer Senke, zu den Füßen von Schatten spendenden Bäumen, saßen schon an die hundert Menschen. Es war eine ausgelassene Stimmung. Überall unterhielt man sich und lachte.
Amon setzte sich auf einen freien Platz und genoss die Kühle der Bäume und des nahen Wassers. Er lauschte dem lebendigen und heiteren Gespräch seiner Sitznachbarn und stieg nach kurzer Zeit mit ein. Plötzlich erschien ein Mann in der Menge. Augenblicklich verstummten alle Gespräche. Amon fragte, ob das der Mann sei, auf den sie alle warteten. Aber das war nur jemand aus seinem Umfeld, der ihn begleitete. Man solle das Sprechen jetzt einstellen und sich auf die Ankunft des Meisters vorbereiten. Amon seufzte. Wer sich selber als Meister bezeichnete, war ihm schonmal suspekt. Darauf folgte eine minutenlange, erwartungsvolle Stille. Und dann erschien er. Recht unspektakulär. Kein besonders großer Mann. Wäre er auf dem Markt an einem vorbeigelaufen, hätte man ihn nicht weiter bemerkt. Enttäuschung machte sich in Amon breit. Und dann begann der Mann zu sprechen. Obwohl er doch ein ganzes Stück entfernt stand, war er sehr gut zu verstehen. Doch die gesprochenen Worte waren es nicht, die Amons Herz bewegten. Es war dieses Gefühl, was sich parallel dazu in ihm breit machte. Als würde er einmal für die Ohren sprechen und einmal für das Herz.

Die Rede dieses Mannes hatte ihn zu Tränen gerührt, ohne dass er auch nur ein einziges Wort wiederholen konnte. Danach saß Amon noch eine lange Zeit bewegungslos auf seinem Platz und wollte dieses perfekte Gefühl durch nichts gefährden.
Eines der spielenden Kinder stolperte und fiel ihm direkt vor die Füße. Feine kleine Sandkörner rieselten auf ihn herab. Sofort kam die Mutter herbeigelaufen, um sich für ihren Sohn zu entschuldigen. Aber Amon war überhaupt nicht wütend. Das wäre ihm in diesem Zustand überhaupt nicht möglich gewesen. Grinsend saß er da und strahlte die verwirrte Frau an. Abermals sich entschuldigend zog sie ihren Sohn weg, der ihm, hinter dem Rücken seiner Mutter, noch die Zunge rausstreckte. Doch auch das vermochte nicht diese Schutzschicht aus purer Freude zu durchdringen, die bei diesem Vortrag um ihn herum entstanden war.
Der Platz leerte sich zusehends. Im Halbdunkel bewegte sich eine Figur auf ihn zu. Es war der Meister, der sich zu ihm setzte.
«Da bist du ja endlich», wurde Amon von ihm begrüßt.
Ihm fehlten die Worte. Er kannte ihn? Woher? Sein Verstand versuchte in den Erinnerungen ein passendes Bild zu finden, aber griff unablässig ins Leere.
Der Meister grinste: «Da wird dein Verstand nicht ausreichen. Du musst viel weiter zurück.»
Amon hatte keine Ahnung, wovon der Mann sprach, aber er wusste, er hatte recht.
Seit diesem Abend folgte er dem Meister und all den anderen Männern und Frauen, die ihn begleiteten, einige davon nur ein paar Tage oder Wochen, andere Monate lang. Mal waren sie nur wenige und dann

wieder eine große Gruppe von fast einhundert Menschen.
Amon erinnerte sich an das Ankommen in einem Ort in der Nähe von Tabgha. Zu diesem Zeitpunkt waren sie eine große Gruppe und schon von Weitem war ihr Kommen zu beobachten. Das brachte die römischen Soldaten auf den Plan, weil sie dachten, es stünde ein Überfall bevor. Und so wurden sie von den Soldaten schon vor dem Ort in Empfang genommen und verhört. Der Meister durfte mit nur einigen wenigen in den Ort. Der Rest musste draußen warten. Überhaupt wurde ihnen das Reisen und Sprechen nicht immer leicht gemacht. Es gab Proteste und Verbote hier und da. Einige Situationen wurden sogar brenzlich. Aber nie wurde der Meister ungehalten oder gar gewalttätig. Oft ging er zu den Verantwortlichen und suchte das Gespräch. Und obwohl man ihn nicht leiden konnte und sogar offen verachtete, waren alle zu einem Gespräch bereit. Dann dauerte es nicht lange, und der Weg war plötzlich doch frei, um zu den Menschen zu sprechen. Überhaupt waren es die Reden des Meisters, die Amon faszinierten. Viele Inhalte wiederholten sich im Laufe der Zeit. Und doch gab es jedes Mal etwas anderes zu entdecken als die Male zuvor. Es blieb immer spannend.
Und dann kam es zu diesem besonderen Ereignis. Sie saßen eines Abends zusammen und aßen noch eine Kleinigkeit. Der Meister erzählte einen neuen Witz, den er Stunden zuvor gehört hatte. Er liebte gute Witze und dieser war einer. Alle hielten sich den Bauch vor Lachen, und Tränen liefen ihnen über die Wangen. Der Meister kam danach zu Amon und reichte ihm ein paar Datteln.

«Der beste Witz seit Tagen, oder?»
Amon nickte und fragte: «Darf ich Euch was fragen, Meister?»
«Natürlich. Das weißt du doch.»
«Woher wisst Ihr, was Ihr zu den Menschen sagen sollt? Ihr habt immer etwas Besonderes für jede Gruppe. Woher wisst Ihr das?»
Der Meister steckte sich eine Dattel in den Mund und kaute genüsslich darauf herum.
«Glaubst du wirklich, dass es um die Worte geht?»
Amon erschrak. Hatte er etwas Dummes gefragt?
«Nicht?» hauchte er beschämt.
Eine weitere Dattel verschwand im Mund des Meisters.
«Wenn ich morgen zu den Menschen spreche, wirst du dich neben mich setzen, und ich werde dir zeigen, was ich genau mache. Nur so viel: sprechen ist es nicht.» Ein breites Grinsen machte sich auf dem Gesicht des Meisters breit.
Und so kam der nächste Tag. Viele Menschen hatten sich versammelt und warteten gespannt auf die Worte des Meisters. Der kam zu Amon, klopfte ihm auf die Schulter und sagte: «Dann wollen wir mal. Bitte hier entlang und hinter mir bleiben.»
Amon folgte den Anweisungen. Ihm klopfte das Herz bis zum Hals. Er hatte noch nie vor so vielen Menschen gestanden, die alle in seine Richtung schauten.
Der Meister schaute Amon an und flüsterte: «Setzen, bitte.»
Er nahm Platz und der Meister begann zu sprechen. Und dann passierte es. Es wurde hell. Richtig hell. Und er sah, wie sich aus dem Körper des Meisters eine lichte Gestalt löste und begann durch die Reihen

der Zuhörer zu gehen. Der Körper stand ähnlich einer großen Puppe an Ort und Stelle und sprach ungestört weiter. Amon verstand nicht mehr, was gesprochen wurde. Fasziniert folgte er der Gestalt durch die Reihen und sah, wie die Schatten aus den Gesichtern der Menschen verschwanden.
Bei einigen ging dieser Prozess recht schnell, bei anderen dauerte es eine ganze Weile. Aber jeder kam dran. Nach dem letzten Besucher verschwand die Gestalt wieder im Körper des Meisters, und die Rede war beendet.
Tief beeindruckt ahnte er, dass er das Wirken des Meisters noch nicht mal im Ansatz verstanden hatte. Und solche Offenbarungen zeigten sich ihm in den letzten Monaten des Öfteren. Er fühlte sich immer mehr verbunden. Und dann kam dieser schicksalshafte Tag. Sie waren eine kleinere Gruppe und hatten sich um den Brunnen einer Stadt niedergelassen. Die Sonne brannte heiß, und ihre letzte Möglichkeit sich zu erfrischen war schon ein paar Tage her. Alle stanken wie die Ziegen. Wasserkrüge und Schläuche wurden gefüllt, Köpfe und Oberkörper gewaschen. Es war herrlich. Aus dem Nichts tauchte dieser Mann auf. Schon von weitem konnte man ihn schimpfen hören.
«Scharlatane. Macht, dass ihr wegkommt!» schrie er über den ganzen Platz. Es kam Bewegung in die Gruppe. Der Meister erhob sich und fragte, was er denn wolle und warum er so aufgebracht sei. Noch bevor jemand reagieren konnte, zog der aufgebrachte Mann einen Knüppel hinter seinem Rücken hervor und schlug dem Meister auf den Kopf. Der ging sofort zu Boden. Amon war direkt neben ihm, sprang auf, riss ihm den Knüppel aus der Hand und schlug

auf den Angreifer ein. Der versuchte sich zu schützen, so gut es ihm möglich war. Amon war so wütend, dass er erst viel zu spät das Blut bemerkte, das den Knüppel bedeckte. Erschrocken über sich selbst ließ er von dem Mann ab und lief aus der Stadt. Erschöpft von seiner Tat und der Mittagshitze sank er in den Sand. Eine Ewigkeit, umkreist von tausenden Gedanken, kniete er im heißen Sand. Dann hörte er die Stimme des Meisters.
«Habe ich dich das gelehrt?»
Zu den unzähligen Schweißperlen mischten sich Tränen. Amon schüttelte den Kopf, zu sprechen war ihm in dem Moment nicht möglich. Der Meister setzte sich zu ihm auf den Boden.
«Bin ich dir ein schlechtes Vorbild gewesen? Habe ich dir je geraten, andere zu verletzen, oder hast du gesehen, dass ich selbst jemanden verletzt habe?»
Amon hob erstaunt seinen Kopf und sah den fragenden Meister an und erwiderte, ohne zu zögern:
«Nein, Meister, natürlich nicht. Aber genau das ist es ja, was ich nicht verstehe. Ihr erduldet so viel, obwohl Ihr es besser wisst. Ihr seid freundlich zu denen, die Euch verachten, und verständnisvoll zu denen, die Euch lächerlich machen. Wie könnt Ihr das?»
Der Meister lächelte und legte den Kopf zur Seite:
«Findest du mich schwach und feige?»
«Nein, aber mich macht das so wütend. Und Ihr bleibt so ruhig und voller Geduld. Wieder und wieder geht Ihr auf die Menschen zu, wieder und wieder scheitern sie, und Ihr fangt ruhig wieder von vorne an.»
Der Meister sprach: «Du nimmst das alles viel zu persönlich. Das ist alles nur ein Spiel des Geistes.

Jemand hat Negatives aufgenommen und muss es nun von sich geben. Er reizt dich und will deine Aufmerksamkeit, damit du das Negative übernimmst und nun in das Spiel einsteigst. Dann schaukelt ihr euch immer weiter hoch und bindet weitere Menschen mit ein. Irgendwann ist das Spiel außer Kontrolle, und niemand weiß eigentlich noch, wie das alles angefangen hat. Ich steige in das Spiel gar nicht erst ein, denn ich weiß, woher es kommt und wohin es führt. Ich konzentriere mich auf das wirklich Wichtige, den Kern, der unbewusst unter allem liegt und der bei allem Lebendigen gleich ist. Da sind wir alle gleich.»
«Was ist das, Meister?»
«Wir alle kommen aus der Liebe und alles trägt diese Liebe tief in sich. Das ist der wahre Kern von allem. Und mit dem verbinde ich mich, und ich kann dir sagen, das macht alles leicht. Denn ich weiß, egal was um dieses Zentrum kreist, es ist und bleibt, was es ist. Und wenn mir jemand auf die eine Wange schlägt, halte ich ihm meine andere hin, denn ich weiß, dass er eine weitere Chance verdient hat, es besser zu machen. Denn in ihm steckt nur Gutes. Du musst Geduld mit ihnen haben.»
Amon fühlte sich furchtbar. Er hatte das Spiel nicht durchschaut und sich der Wut und dem Hass des Mannes geöffnet und alles Schlechte übernommen. So waren schreckliche Dinge in Gang geraten.
Der Meister stand auf und reichte Amon die Hand.
«Dem armen Angreifer geht es übrigens gut. Ich habe mich um ihn gekümmert. Erst hielt er mich für einen Idioten, aber als seine Schmerzen verschwanden, war ich dann doch nicht mehr ganz so blöd.»
Der Meister musste lachen und schlug sich den Staub

von den Sachen.
«Wollen wir?» fragte er Amon und reichte ihm zum zweiten Mal die Hand.
Dieses Mal griff er zu und erhob sich. Er wollte gerade etwas sagen, da unterbrach ihn der Meister: «Schwamm drüber. Aber bei dem Mann solltest du dich entschuldigen. Teile was von deiner Liebe, und in Zukunft: Finger weg von Knüppeln.»
Beide setzten sich in Bewegung, und Amons Blick auf die Menschen und die Welt hatte sich für immer verändert.

# Das Flattern der Gedanken

Die Sonne war gerade aufgegangen, als der junge Mönch sich auf den Weg zu seinem Lieblingsplatz machte, um sich dort in Stille, in Meditation zu versenken. Der Garten lag hinter dem Kloster und war eine Insel der Ruhe und gleichzeitig ein Kraftort. Alles hatte dort seine Ordnung, ohne darin seine Freiheit zu verlieren.

Der Garten lag etwas tiefer, sodass man ein paar Stufen hinabsteigen musste. Aus allen vier Himmelsrichtungen führten helle Stufen zu dieser Oase der Ruhe. In der Mitte des Gartens stand ein großer Baum, der Schatten spendete und für ein kühles Umfeld sorgte. Unweit des Baumes stand eine Vogeltränke, die mit großer Hingabe von den Mönchen mehrfach am Tag befüllt wurde. Bunte Blumen und Sträucher machten den Garten unglaublich lebendig und auch bei den Insekten sehr beliebt.

Der junge Mönch setzte sich, so wie es seit Jahrtausenden Tradition war, unter den Baum, schloss die Augen und öffnete seinen Geist.

«Setzt dich lieber weiter nach links», durchfuhr es seinen Kopf, «hier ist es zu feucht.»

«Das ist doch jetzt nicht wichtig», rügte er diesen Gedanken und begann sich wieder zu versenken.

«Denk daran, dass du heute mit der Feigenernte dran bist», meldetet sich ein weiterer Gedanke zu Wort.

Der junge Mönch atmete tief ein und aus.

«Warum heißen Feigen eigentlich Feigen? Gibt es feiges Obst?»

«Es reicht jetzt!» mahnte sich der junge Mönch selbst. Und abermals bemühte er sich mit einem tiefen Seufzer Ruhe zu finden.
«Nicht denken. Nicht denken», dachte er, um sich im gleichen Moment zu erinnern, dass das nun wirklich das Dümmste war, was er in solch einer Situation machen konnte. Das Gefühl der Unruhe machte sich in ihm breit.
Immer mehr Gedanken flatterten durch seinen Kopf. Er kämpfte tapfer wie ein Löwe, aber die Überzahl der feinen Gegner war einfach zu groß. Alles verschmolz zu einem gewaltigen Rauschen in seinem Kopf und machte die Ruhe unmöglich.
In seiner Not schrie der junge Mönch laut in die Stille des Gartens: «Ruhe!»
Er öffnete seine Augen und brach den Versuch der Stille frustriert ab.
Ein alter Mönch hatte das Ganze schon eine Weile beobachtet und stand lächelnd neben ihm. Er war gekommen, um die Vogeltränke mit Wasser zu befüllen. Der junge Mönch sah ihn und wand sich verzweifelt an den alten Meister.
«Meister», sprach er, «wie soll ich Ruhe finden und etwas Gutes für meinen Geist tun, wenn
mein Geist mich gleichzeitig mit unendlich vielen Gedanken quält?»
Der Meister sprach, während er die Vogeltränke füllte: «Du verwechselst deinen Geist mit dem geschlossenen Vogelkäfig deines Ichs, mein junger Freund.»
«Vogelkäfig? Ich will nur nicht denken, Meister.»
«Das hast du noch nie getan», antwortete der alte Mönch.
«Doch gerade eben. Mein ganzer Kopf war voll

davon.»
«Du hast deinen Käfig vollgestopft mit lauter Vögeln. Hast du diese Vögel erschaffen?» fragte der alte Mönch.
«Ich denke schon. Oder nicht? Woher sollen die Vögel denn sonst kommen?»
«Das ist eine sehr gute Frage, mein junger Freund.»
«Und die Antwort, Meister?»
«Verrat sie mir, wenn du sie gefunden hast.» Mit diesen Worten nahm der alte Mönch seinen Eimer und setzte sich in Bewegung den Garten zu verlassen.
«Und was mache ich jetzt mit dem Käfig, Meister?» rief der junge Mönch dem Meister hinterher.
«Mach die Augen auf», antwortete er, «du hast es ja direkt vor der Nase.» Damit verschwand der Meister im Morgennebel.
Immer noch frustriert saß der junge Mönch unter dem Baum und merkte Wut in sich aufsteigen. Aber diesmal ging er dem Gefühl nicht auf den Leim. Er atmete ruhig und trennte sich davon.
«Zeig es mir», flüsterte er.
Und in seinem Inneren zeigte sich die alte Vogeltränke. Sie stand dort, nach oben geöffnet, mit einem ruhigen Wasserspiegel, in dem sich der Himmel spiegelte. Vögel kamen, setzten sich einen Moment, tranken und flogen wieder weg.
In dem Moment ersetzte er seinen inneren Vogelkäfig gegen die offene Vogeltränke und merkte, wie Ruhe in ihn einzog. Die Vögel waren nach wie vor da, aber er konnte sie ziehen lassen.
Seit diesem Tag hatte der junge Mönch ein neues Mantra.
Immer wenn das Flattern der Gedanken zu laut wurde, klang in ihm das Wort: Vogeltränke.

## Von der Entstehung der Welt

Es war einmal ein Meer. Und dieses Meer war alles. Es gab nichts außerhalb des Meeres. Und das ganze Meer war eins. Es war ein ewiges Fließen.

Eines Tages sprach einer der Wassertropfen: «Ich bin nicht wie ihr. Ich bin ich.» Er schwamm im Meer, das alles war, hin und her, um den Punkt zu finden, wo es aufhörte. Er suchte den Punkt, an dem er das Meer verlassen könne, aber der Wassertropfen fand ihn nicht.

Da sprach er: «Ich bin ein Sandkorn.» Und das Meer floss in seinem ewigen Kreislauf.

Andere Wassertropfen kamen zu ihm und sprachen: «Bruder, sieh dich doch an. Du bist wir und wir sind du. Erkenne dich.» Aber der Wassertropfen ließ sich nicht beirren. Er rief weiter in die Unendlichkeit des Meeres hinaus: «Ich bin ein Sandkorn.» Und er glaubte, was er sagte. Und mit der Zeit begannen auch andere Wassertropfen zu glauben, was er sagte. Und bald riefen tausende Wassertropfen gemeinsam in die Unendlichkeit des Meeres: «Wir sind Sandkörner.»

Und das Meer floss in seinem ewigen Kreislauf.

Immer mehr Wassertropfen glaubten, sie wären Sandkörner.

Zusammen sprachen sie: «Wir sind nicht länger Teil des Meeres. Wir sind jetzt außerhalb des Meeres und nennen uns Strand.»

Und so geriet langsam alles in Vergessenheit.

Das Meer wurde etwas, das es irgendwo am Ende des Strandes gab. Es gab Geschichten davon, dass man vielleicht aus einem Meer kam oder irgendwann

wieder in ein Meer gehen würde. Einige vergaßen das Meer ganz, in dem sie die ganze Zeit schwammen. Jeder fühlte die warme Sonne und die Trockenheit. Doch eines Tages sprach ein Sandkorn: «Ich bin ein Wassertropfen.»
Und das Meer floss in seinem ewigen Kreislauf.

Printed in Poland
by Amazon Fulfillment
Poland Sp. z o.o., Wrocław

41388800R00087